Schönbuch

UTE BÖTTINGER / HANSJÖRG JUNG

LIEBLINGSPLÄTZE
zum Entdecken

Schönbuch

UTE BÖTTINGER / HANSJÖRG JUNG

KULTUR

GMEINER

Bildverzeichnis:
Erich Tomschi 12, 34, 48, 58, 82, 90, 102, 138, 140, 142, 144, 150, 152, 158, 168, 170, 172, 178, 180, 186, 188; Gerhard Bäuerle 14, 16, 18, 26, 28, 30, 32, 36, 38, 40, 44, 46, 52, 54, 66, 80, 84, 164, 176; Mauerwerk GmbH, 20; René Mikesch, 24; Hansjörg Jung 22, 42, 50 , 60, 70, 72, 78, 98, 100, 108, 110, 134, 136, 148; Ute Böttinger 56, 92, 106, 114, 116, 126, 160, 184; Evert Nikesch; 62 Oase Weil 64; Peplau/Böblinger Mineraltherme 68; Bernhard Strobel 74; Heinz Frank, Gemeinde Dettenhausen 76; Ritter Sport 86; Museum Ritter 88; Landgasthaus zur Linde 94; Gemeinde Kirchentellinsfurt 96; Mathias Allgäuer 110; Staudengärtnerei Jantzen 118; Mark Ripperger 122; Boxenstop Museum 124; Stadt Tübingen 128; Generationentheater Zeitsprung 130; Stadtmuseum Tübingen 132; Friedwald GmbH 146; Petra Anna Schmidt 154; Restaurant Im Gärtle, 162; Mathias Allgäuer 166; Breitenholzer Igelverlag 174; Landkreis Böblingen 182

Besuchen Sie uns im Internet:
www.gmeiner-verlag.de

© 2018 – Gmeiner-Verlag GmbH
Im Ehnried 5, 88605 Meßkirch
Telefon 07575/2095-0
info@gmeiner-verlag.de
Alle Rechte vorbehalten
1. Auflage 2018

Lektorat: Susanne Tachlinski
Satz: Julia Franze
Bildbearbeitung/Umschlaggestaltung: Benjamin Arnold
unter Verwendung eines Fotos von Erich Tomschi
Kartendesign: Maps4News.com
Druck: AZ Druck und Datentechnik GmbH, Kempten
Printed in Germany
ISBN 978-3-8392-2255-3

Karten 10

1 Die Glucke über dem Gäu ///
   Glockenmuseum in der Herrenberger Stiftskirche 15
2 Aus dem Schatten ans Licht ///
   Jerg-Ratgeb-Skulpturenpfad in Herrenberg 17
3 Im Kuttelmuseum ///
   Landgasthof Adler in Herrenberg 19
4 Von der Kirche zum Kulturtempel ///
   Kulturstätte Mauerwerk in Herrenberg 21
5 Feuerböcke und Eselsrücken ///
   Fachwerkpfad in der Herrenberger Altstadt 23
6 Alles Käse ///
   Fromagerie Holzapfel in Herrenberg 25
7 Ein Fole und seine Gnome ///
   Narrenzunft Herrenberg 27
8 Gerne zu Gast ///
   Hotel Hasen in Herrenberg 29
9 In den oberen Stockwerken des Waldes ///
   Waldseilgarten Herrenberg 31
10 Wo die Röhre zur Brücke wird ///
   Der Schönbuchtunnel in Herrenberg 33
11 Flottes Volk ///
   Imkerei Minak in Gärtringen-Rohrau 37
12 Mühlen mahlen langsam ///
   Historische Gips- und Sandmühle in Gärtringen-Rohrau .. 39
13 Kirche, Speicher und Remise ///
   Hofgut Mauren in Ehningen 41
14 Im alten Reich der Köhler ///
   Kohlweiher in Hildrizhausen 43
15 Herzlich und heimelig ///
   Café Fuchsbau in Hildrizhausen 45
16 Laufend im Herbst ///
   Schönbuchlauf in Hildrizhausen 47

17 Ein zauberhaftes Fleckchen Wasser ///
Birkensee in Altdorf 51

18 Kaiser Wilhelm und Gräfin von Paris ///
Golfplatz Schaichhof in Holzgerlingen 53

19 Keine Pfifferlinge im dunklen Tann ///
Auf Pilzsuche in Weil im Schönbuch 55

20 Urgemütlich schwäbisch ///
Waldgasthof Weiler Hütte 57

21 Die Frau des Hirschs ist nicht das Reh ///
Rotwilderlebnispfad in Weil im Schönbuch 59

22 Die Falknerin und ihre Greife ///
Garuda Falknerei in Weil im Schönbuch 61

23 Bei den weißen Ziegen ///
Die Käsmacher in Weil im Schönbuch 63

24 Sanfte Ölmassage ///
Oase Weil in Weil im Schönbuch 65

25 Erfolgsmodell auf der Schiene /// *Die Schönbuchbahn
zwischen Böblingen und Dettenhausen* 67

26 Urlaub vom Alltag ///
Mineraltherme in Böblingen 69

27 Ein Schuss mehr Limo ///
Naturparkbier Schönbuch-Radler in Böblingen 71

28 Landjäger und Sammler ///
Polizeimuseum in Dettenhausen 75

29 Charmantes Bädle! ///
Freibad in Dettenhausen 77

30 Von Steinen und Wilderern ///
Schönbuchmuseum in Dettenhausen 79

31 Nachschub für das Ulmer Münster ///
Sandsteinbruch am Betzenberg in Waldenbuch 81

32 Die Riesen aus der Saat des Königs ///
Mammutbaum in Waldenbuch 83

33 Der jüngste Sternekoch der Republik ///
Gasthof Krone in Waldenbuch 85

34 Immer der Nase nach – die Spur der Schokolade ///
Ritter Sport in Waldenbuch 87

35 Die Welt ist ein Quadrat ///
Museum Ritter in Waldenbuch 89

36 Aufgebrezelt ///
Brezelmarkt in Altenriet 93

37 Sternegenuss ///
Landgasthaus Zur Linde in Pliezhausen-Dörnach 95

38 Abtauchen ///
Baggersee Epple in Kirchentellinsfurt 97

39 Wo Graf Eberhards Weißdorn wurzelt ///
Hofgut Einsiedel in Kirchentellinsfurt 99

40 Im Zeichen der gekreuzten Schlüssel ///
Geschichtlicher Lehrpfad Einsiedel in Kirchentellinsfurt .. 101

41 Naturpark statt Großflughafen /// Zeitungseiche
und ehem. Waldklause Henne in Pfrondorf 103

42 Heimat der letzten Königin ///
Kloster Bebenhausen 107

43 Kein Schattendasein ///
Tübingen-Bebenhausen 109

44 Wo die alten Mönche schrieben /// Naturpark
Informationszentrum in Tübingen-Bebenhausen 111

45 Hier speiste schon Seine Majestät ///
Schranners Waldhorn in Tübingen-Bebenhausen 115

46 Mit der Elite spurten ///
Läuferstrecke in Tübingen 117

47 Grünes Herz ///
Staudengärtnerei Jantzen in Tübingen 119

48 Magie auf dem Neckar ///
Stocherkahn und Zauberfloß in Tübingen 123

49 Maserati zum Anfassen ///
Museum Boxenstop in Tübingen 125

50 Tübingen maritim ///
Bootshaus am Neckar in Tübingen 127

51 Hier ruht nicht nur Hölderlin ///
   Stadtfriedhof in Tübingen 129
52 Kreatives Miteinander ///
   Generationentheater Zeitsprung in Tübingen 131
53 Scherenschnitte im Kornhaus ///
   Stadtmuseum Tübingen 133
54 Wo schon Dichter das Glas erhoben ///
   Schwärzlocher Hof in Tübingen 135
55 Ein guter Zug für Wanderer ///
   Die Ammertalbahn zwischen Tübingen und Herrenberg ... 137
56 Auf des Hügels grüner Welle ///
   Kapelle in Rottenburg-Wurmlingen 141
57 Für Wein, Leib und Seele – ein Ort der Stärke ///
   Weinberg am Kapellenberg in Rottenburg-Wurmlingen ... 143
58 Mordsteine und Brunnen ///
   Kleindenkmale im Schönbuch in Tübingen-Hagelloch 145
59 Letzte Ruhe im Naturpark ///
   FriedWald Schönbuch 147
60 Schlosshof mit Aussicht ///
   Schloss Hohenentringen in Tübingen-Hagelloch 149
61 Eine Insel in der Weinlandschaft ///
   Weinbau in Tübingen-Unterjesingen 151
62 Lindwurm und Froschkönig ///
   Märchenwanderung im Schönbuch 155
63 Feuer und Flamme für die Brennerei ///
   Whisky-Destillerie Unterjesingen 157
64 Über den Baumwipfeln ///
   Rundflug über den Schönbuch 159
65 Pasta aus Sizilien ///
   Hofladen Alte Zimmerei in Ammerbuch-Entringen 161
66 Schwäbisch auf Feinbürgerlich ///
   Restaurant Im Gärtle in Ammerbuch-Entringen 163
67 Raum für ein Lebenswerk ///
   Kunstmuseum Manfred Luz in Ammerbuch-Entringen ... 165

68   Spielend Würstchen brutzeln /// *Grillplatz und Wildgehege*
Saurucken in Ammerbuch-Entringen 167

69   Das Grab im Großen Goldersbachtal ///
Soldatengrab in Ammerbuch-Breitenholz 171

70   Ein Lieblingsplatz des Königs ///
Königliche Jagdhütte in Ammerbuch-Breitenholz 173

71   Kleine Kunst ganz groß! ///
Museum Anthon in Ammerbuch-Breitenholz 175

72   Atelier und Kulturtreff ///
Art-Road-Way Kunstschule in Ammerbuch-Breitenholz .. 177

73   Im Reich der Ungarischen Platterbse ///
Grafenberg in Herrenberg-Mönchberg 179

74   Genießen für die Streuobstwiesen ///
Streuobsterlebnisweg Mönchberg 181

75   Ein Leuchtturm für den Naturpark ///
Der Schönbuchturm in Herrenberg-Mönchberg 183

76   Des Wanderers Einkehr ///
Naturfreundehaus Herrenberg 185

77   Nichts für Angsthasen ///
Mountainbike-Trail in Herrenberg 187

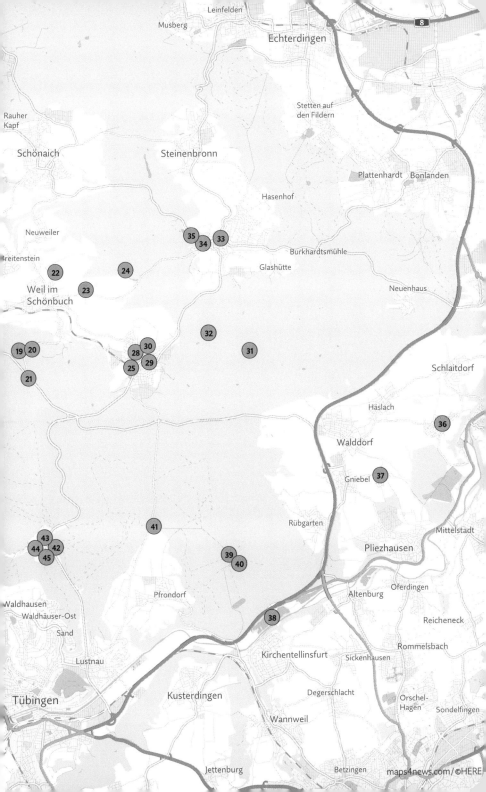

DIE GLUCKE ÜBER DEM GÄU

Glockenmuseum in der Herrenberger Stiftskirche

»Herrenberg liegt unter einem Berg, an dessen Ruck, oder Grad, eine sehr schöne Kirche ist«, schrieb Matthäus Merian 1643. Doch der alte Kupferstecher würde seine »sehr schöne Kirche« kaum noch erkennen: War der Turm damals noch von zwei Spitzen gekrönt, ist es heute eine barocke Zwiebel. Wegen Einsturzgefahr wurden die beiden Turmspitzen 1749 abgebrochen.

So ruht die Herrenberger Stiftskirche wie eine dicke Henne am Südwesthang des Schönbuchs über der Stadt. Nicht umsonst nennt man sie »Die Glucke vom Gäu«. Doch die Glucke ruht nicht, die Glucke kommt. Seit ihrem Baubeginn um 1276 rutschen Hang und Kirche der Stadt entgegen. Bei umfangreichen Renovierungsarbeiten in den 70er-Jahren konnte das Gebäude zwar weitgehend gesichert werden, doch aufgehalten wurde es nicht.

Die der Stadt zugewandte mächtige Westwand der Kirche ist eine riesige Sonnenuhr, die unter anderem stets die Mittagsstunde anzeigt, wenn der Schatten des Strebepfeilers senkrecht auf die Mitte der Wand fällt. Auch im Inneren wartet die Kirche mit Besonderheiten auf: Da ist vor allem das Chorgestühl aus der Werkstatt von Heinrich Schickhardt dem Älteren, dem Großvater des großen Renaissance-Baumeisters desselben Vornamens. Den Hochaltar von Jerg Ratgeb, heute in Besitz der Staatsgalerie, haben die Herrenberger 1890 verkauft.

Die durch den barocken Umbau des Turms entstandene große Glockenstube beherbergt das Glockenmuseum. Wer die 146 Stufen erklimmt, findet dort über 30 Bronzeglocken aus zwölf Jahrhunderten und ein Carillon mit 50 Glocken. Dass dies nicht nur museale Ausstellungsstücke sind, zeigt sich beim Rundgang, wenn die Viertelstunde, die Stunde oder nach der Läuteordnung ein liturgisches Ereignis geschlagen werden. Hier wird Schall zu einem spürbaren Erlebnis.

♪   Zu den Glockenkonzerten der Herrenberger Stiftskirche erklingt das Geläut in der Regel jeden ersten Samstag eines Monats von 17 bis 18.10 Uhr.

DER SKULPTURENPFAD BEGINNT AM HERRENBERGER BAHNHOF,
ENDSTATION DER S-BAHN-LINIE S1, UND FÜHRT HINAUF ZUM
SCHLOSSBERG.

EINE INFO-BROSCHÜRE GIBT ES BEIM /// I-PUNKT HERRENBERG ///
MARKTPLATZ 1 /// 71083 HERRENBERG /// 0 70 32 / 92 40 ///
WWW.HERRENBERG.DE ///

AUS DEM SCHATTEN ANS LICHT

Jerg-Ratgeb-Skulpturenpfad in Herrenberg

Sein Ende war schrecklich. Er wurde geviertelt. Im Jahre 1526 in Pforzheim. Weil er für die Sache der Aufständischen im Bauernkrieg Partei genommen hatte und sich von den Bauern zum Kanzler und Kriegsrat wählen ließ. Doch Jerg Ratgeb war auch Maler und schuf unter anderem 1519 den Hochaltar für die Herrenberger Stiftskirche – der heute in Besitz der Staatsgalerie in Stuttgart im Zentrum der mittelalterlichen Sammlung steht. Und doch gilt Ratgeb lange zumindest als unterschätzter Künstler. Vielleicht weil über sein Leben und Schaffen nicht allzu viel dokumentiert ist.

Grund genug für eine Gruppe von Herrenberger Bürgern, dem Künstler ein Denkmal zu setzen – oder vielmehr deren mehr als 20: den Jerg-Ratgeb-Skulpturenpfad. Vom Bahnhof bis hinauf zum Schlossberg, gleichsam aus dem Schatten der Tiefe hinauf ans Licht, reihen sich die Werke zeitgenössischer baden-württembergischer Künstler wie an einer Perlenkette durch die Herrenberger Innenstadt und entlang des gewundenen Spazierwegs zum Schlossberg. Aus verschiedenen Materialien, in unterschiedlichen Abstraktionsformen. So soll der Skulpturenpfad auch eine Art künstlerisches Lehrstück sein. »Die Besucher bekommen dabei einen Einblick in die unterschiedlichen bildhauerischen Materialien und Techniken, welche die Bildhauer aus Baden-Württemberg und darüber hinaus angewandt haben«, schreiben die Initiatoren.

Die Arbeiten haben meist Bezug zu Jerg Ratgeb – seiner Zeit, seinem Werk und nicht zuletzt seinem Leben. So sind es auch geschundene Figuren, wie bei Michaela Fischers Bronzeplastik *Ratgebs Frau*, bei der die Leibeigenschaft thematisiert wird, oder bei Thomas Putzes *Bauernkriegsfamilie*, die Ohnmacht und Zerrissenheit des einfachen Volkes in feudalen Zeiten darstellt.

Der Spaziergang bietet nicht nur dem Kunstfreund Aus- und Einblicke. Auf dem Schlossberg weitet sich der Blick zur Schwäbischen Alb und zum Schwarzwald.

IM KUTTELMUSEUM

Landgasthof Adler in Herrenberg

Der Wirt ist immer ein Wilhelm und ein Bührer obendrein – zumindest seit 1887, als der Bierbrauer und Gastronom Wilhelm Bührer den Adler in Herrenberg übernahm. Seit 1834 wurde in dem Haus mit dem großen Keller Bier gebraut. Genau genommen sind es zwei Häuser, die nach dem großen Stadtbrand 1635 über dem Kellergewölbe errichtet wurden. Zwei Häuser, die vorher an anderer Stelle gestanden haben müssen, denn das Fachwerk ist weit über 500 Jahre alt. »Es gab damals zu wenig trockenes Eichenholz für den Hausbau. Deshalb wurden Häuser in der Umgebung aufgekauft, abgebrochen und im abgebrannten Herrenberg wiederaufgebaut«, sagt Wilhelm Bührer, der heute mit seiner Schwester Gisela in der vierten Generation die Gaststätte führt.

Wenn seine Bürgermeister-Kollegen mit ihren Sammlungen renommierten, soll Herrenbergs Alt-Oberbürgermeister Dr. Volker Gantner stets mit einem Augenzwinkern auf das Kuttelmuseum in seiner Stadt verwiesen haben. Kuttelmuseum – der Beiname des Adler hatte zunächst einen eher despektierlichen Unterton.

1952 hatte Wilhelm Bührers Vater – Gastwirt, Metzger und ebenfalls ein Wilhelm – den Adler von seinem Vater übernommen. Getreu der schwäbischen Maxime, nichts verkommen zu lassen, hatte er auch Kutteln auf der Karte. Heute unter dem Stichwort »From Nose to Tail« wieder der letzte Schrei. Doch damals rümpfte zumindest ein Teil der feineren Herrenberger Gesellschaft darüber die Nase. Allerdings nicht alle. Dem Fabrikanten Hans Goltermann wird das Zitat nachgesagt: »Kutteln esse ich nur in Paris oder im Adler«.

Wilhelm Bührer verwendet dazu ausschließlich Kalbskutteln. »Die sind etwas feiner«, sagt er. Und: Er setzt sie nur auf die Karte, »wenn die Qualität stimmt«. Dazu eine braune Soße, milden Obstessig aus eigener Herstellung und Bratkartoffeln, die zu einem großen Teil vom eigenen Acker stammen.

Noch älter: die kleine Altstadtbäckerei Schüfer gegenüber. Die in siebter Generation gefertigten Backwaren sind einfach unglaublich lecker!

VON DER KIRCHE ZUM KULTURTEMPEL
Kulturstätte Mauerwerk in Herrenberg

Gesungen wurde in dem rund 120 Jahre alten Backsteinhaus mit den hohen Fenstern schon immer. Zunächst feierte die evangelisch-methodistische Gemeinde Herrenbergs hier ihre Gottesdienste. Heute sorgen Liedermacher und Chansonniers, Jazz-Combos und Rock-Gruppen für den guten Ton im Saal. und Rockgruppen für den guten Ton im Saal. Von der Kirche zum Kulturtempel – noch bemerkenswerter ist die Tatsache, dass das Haus samt Bühne in privaten Händen ist. »Wir sind in eine Lücke gestoßen. Ein Angebot wie unseres hat offenbar in Herrenberg gefehlt«, sagt Johannes Storost. Seit 2013 bringt der Veranstaltungskaufmann, der sein Handwerk unter anderem im Stuttgarter Theaterhaus gelernt hat, mit seinem Team im Mauerwerk viel Bewegung ins bis dahin eher ruhige kulturelle Leben Herrenbergs.

Das Wagnis hat sich gelohnt. »Natürlich weiß man immer erst hinterher, ob ein solches Angebot funktioniert. Aber wir haben darauf vertraut, dass es in Herrenberg und seiner Umgebung viele kulturaffine Leute gibt«, sagt der Geschäftsführer und Veranstaltungsmanager. Und so geben sich Comedians und Kabarettisten, Musiker und Schauspieler im Mauerwerk die Klinke in die Hand. Jeden Montag gibt es Kino – eine Sparte, die in Herrenberg, einmal abgesehen vom Kommunalen Kino und dem lauschigen Sommernachtskino-Programm auf dem Schlossberg, seit Jahrzehnten brachliegt.

Zur Kultur gesellt sich die Kulinarik, das andere Standbein des Hauses. Dafür steht Küchenchef Karsten Philipp. Sein kulinarisches Credo: »Die Rohstoffe müssen frisch sein und es kommen keine Convenience-Produkte in die Töpfe«, sagt er. Die Speisekarte ist so offen wie das Kulturprogramm. Aus Produkten, die zum großen Teil rund um Herrenberg erzeugt wurden, macht Karsten Philipp internationale Küche. Nicht von ungefähr sagt Johannes Storost: »Unser Konzept heißt Kultur genießen.«

✍   Das Mauerwerk hat werktags von 17 bis 24 Uhr, an Sonn- und Feiertagen von 9.30 bis 24 Uhr geöffnet.

DIE FACHWERKFRONT AM HERRENBERGER MARKTPLATZ –
HIER GIBT ES IM I-PUNKT EINE BROSCHÜRE ZUM FACHWERKPFAD.

I-PUNKT HERRENBERG /// MARKTPLATZ 1 /// 71083 HERRENBERG ///
0 70 32 / 92 40 /// WWW.HERRENBERG.DE ///

FEUERBÖCKE UND ESELSRÜCKEN

Fachwerkpfad in der Herrenberger Altstadt

Feuerböcke und Eselsrücken, Kopfwinkel und Fußstreben – spätestens nach einem Spaziergang durch die Herrenberger Altstadt auf dem Fachwerkpfad mit seinen 23 Stationen werden diese Begriffe nicht mehr mit sieben Siegeln behaftet sein. Auf dem Rundgang durch die teilweise malerischen Winkel der Altstadt können die Besucher mithilfe von Schautafeln die verschiedenen Konstruktionen und Spielarten von Fachwerk erkunden. Und wen die technischen Details weniger interessieren, der erfreut sich vielleicht an der zeitlosen Schönheit der Häuser. Denn: Herrenberg gilt als eine der schönsten Fachwerkstädte in Baden-Württemberg.

Wirtschaftliche Prosperität gilt oft als Voraussetzung für die Stadtentwicklung. Doch in manchen Zeiten mag der Mangel daran auch ein Segen sein. Im Zweiten Weltkrieg flogen die alliierten Bomber über Herrenberg hinweg. Auch das Wirtschaftswunder im Nachkriegsdeutschland ging zunächst an der alten Oberamtsstadt vorbei. So blieben die Fachwerkhäuser der Stadt auch von der Modernisierungswut der 50er- und 60er-Jahre so lange verschont, bis der Schatz den Herrenbergern hinreichend bewusst wurde. 1983 wurde die Altstadt unter Denkmalschutz gestellt.

Seitdem hat sich das Städtchen hübsch herausgeputzt. Die Fußgängerzone der Stuttgarter Straße und der Tübinger Straße geizt nicht mit dem Charme der alten Bautechnik. Und das Haus Otto, eines der wenigen Häuser in der Tübinger Straße ohne Fachwerk, nimmt dessen Konstruktionsmerkmale am Putz des Giebels stilisiert auf. Prächtig in Form und Farbe sind die Fachwerkhäuser am Marktplatz. Diese Häuser stammen allesamt aus der Zeit nach dem großen Stadtbrand von 1635 und sind, ganz im Stil der Zeit, mit Zierfachwerk ausgestattet. Die Balken sind nicht dunkelbraun oder schwarz, sondern in den klassischen Fachwerkfarben Grau, Rot oder auch Ocker gestrichen.

✍ Erfrischung nach dem Spaziergang bieten Straßencafés auf dem Marktplatz oder dem Graben. Auch vor dem *Lamm* in der Schulstraße kann man schön draußen sitzen.

FROMAGERIE

**CHARMANTE KÄSE-EXPERTINNEN:
MARTINA HOLZAPFEL (LINKS) UND BIRGIT BÖHME.**

**FROMAGERIE HOLZAPFEL /// SCHULSTRASSE 8 /// 71083 HERRENBERG ///
0 70 32 / 93 09 50 /// WWW.FROMAGERIE-HOLZAPFEL.DE ///**

ALLES KÄSE

Fromagerie Holzapfel in Herrenberg

Nicht nur samstags drängt sich die Kundschaft in dem Laden. Dabei ist in der ersten Glastheke alles Käse – aber vielleicht gerade deswegen. Hier ist Käse alles. Dutzendweise liegt er in unterschiedlichen Sorten und Reifestadien in der Auslage. Die Fromagerie Holzapfel hat ihren Sitz in einem der alten Handelshäuser Herrenbergs. Zwischen den mittelalterlichen Mauern und Balken bieten Birgit Böhme und ihre Schwägerin Martina Holzapfel einen Laden mit feiner Kost – vom Käse bis zu italienischen Wurstwaren, Bio-Weinen und selbst eingelegten Oliven.

Mit Oliven und Käse hat die Firmengeschichte vor 30 Jahren begonnen, als Birgit Böhme mit ihrem Mann Markus Holzapfel in Freiburg ihren Marktstand hatte. Zurück in Herrenberg, der Heimat von Markus Holzapfel, eröffneten die beiden ihren ersten Laden in einem Herrenberger Teilort. Auf Märkte zu gehen, gehörte damals wie heute noch zum Geschäft. Als ihnen das Haus Böckle in der Herrenberger Schulstraße angeboten wurde, ging ein Traum in Erfüllung. »Wir wollten schon immer mit dem Laden in die Stadt«, sagt Birgit Böhme.

Der Käse ist keine Massenware, sondern von ausgesuchten kleinen Käsereien. Ihre Urlaube verbringen die Herrenberger Käseverkäufer stets auf der Suche nach neuen Spezialitäten – ob auf der Käsemesse im piemontesischen Bra, in Lyon oder einer Alm im Allgäu. Grund genug für Birgit Böhme, sich noch mehr in den Käse zu vertiefen und die Ausbildung zur Käse-Sommelière zu absolvieren. Das Angebot hat sich herumgesprochen und die Kundschaft reist zum Teil von weit her an. Nicht nur aus dem Großraum Stuttgart, auch ein Koch aus Duisburg meldet sich Jahr für Jahr an, um den Käse kiloweise in den Ruhrpott zu fahren. Doch bei allem Renommee: »Ich möchte, dass auch Familien bei uns kaufen«, sagt Birgit Böhme. Ein Blick samstags in den Laden zeigt: So ist es.

In der Herrenberger Schulstraße gibt es noch mehr an Genuss – beispielsweise gegenüber in der Alten Brennerei bei ausgesuchten Weinen und Whiskys.

1. NARRENZUNFT HERRNBERG E. V., C/O SANDRA BUEHLER ///
BELCHENWEG 2 /// 71134 AIDLINGEN ///
WWW.ERSTE-NARRENZUNFT-HERRENBERG.DE ///

EIN FOLE UND SEINE GNOME

Narrenzunft Herrenberg

»Fole, Fole – komm ond hol me«, tönt an jedem Faschingsdienstag der Schlachtruf der Ersten Herrenberger Narrenzunft durch die Herrenberger Altstadtgassen. Alljährlich stellt der Verein einen Fasnetsumzug auf die Beine, der sich wahrlich sehen lassen kann. Über 2.500 Hästräger in über 70 Gruppen zählte man im Jahr 2016, und das im 20. Jahr nach Gründung des Vereins. Dabei war die Stadt am Rande des Schönbuchs ursprünglich gar keine Fasnetshochburg.

Dass der Fole und seine Gnome nun jedes Jahr zwischen 15.000 und 20.000 begeisterte Zuschauer aus nah und fern in Feierlaune versetzen, ist einer Handvoll junger Männer zu verdanken. Die saßen 1996 bei launigem Bier und allerlei Schabernack im Kopf auf dem Herrenberger Schlossberg zusammen, sinnierten über närrisches Treiben und konstatierten: Herrenberg braucht eine eigene Narrenzunft. Auf der Suche nach einer würdigen Zunftmaske stießen sie in den Herrenberger Geschichtsbüchern auf einen Waldschütz mit Namen Fole. Dieser sei Anfang des 18. Jahrhunderts für die Hege und Pflege des Stadtwaldes zuständig gewesen. Aber als er feststellen musste, dass die Bäume auf der Gemarkung des Kuppinger Waldes größer, schöner und grüner waren, versetzte er kurzerhand den Grenzstein. Das betrügerische Tun wurde allerdings entdeckt und die Kuppinger brachten Fole vor die Herrenberger Ratsherren. Schmach und Schande waren für den Waldschütz zu viel und er wählte den Freitod im Stadtwald. Der Sage nach ereigneten sich danach furchterregende Dinge dort und seltsame Erscheinungen trieben ihr Unwesen. Der Fole sei es gewesen, zusammen mit seinen Gnomen.

Auf allerlei Schelmereien muss sich denn auch das Publikum am Umzug einstellen: Den Hasträgern bereitet es diebische Freude, Zuschauer zum Beispiel ein Stück des Wegs mitzuziehen, mit Konfetti zu beregnen oder ihnen die Schnürsenkel aufzuknoten.

✍ Am Faschingsdienstag herrscht Ausnahmezustand in Herrenberg. Vor allem auch in den vielen Lokalen der Altstadt. Dort hockt man dicht und gerne zusammen.

GERNE ZU GAST

Hotel Hasen in Herrenberg

Sieben Gulden musste ein Henker für seine Mahlzeit plus einer anschließenden Nächtigung auf den Tisch legen. Das war anno 1271 und ist so dokumentiert im Herrenberger Stadtarchiv. Was zeigt, dass im Wirtshaus am Hasenplatz schon im Mittelalter gezecht und gebechert wurde. Erstmals urkundlich erwähnt wurde der Hasen dann im Jahre 1620. Heute ist das Ringhotel Hasen ein traditionsreiches, familiengeführtes Viersternehaus.

Henkersmahlzeiten gibt es bei Barbara und Roland Nölly freilich keine. Vielmehr verspricht die feine – und immer fest im Fokus stehende – regionale und saisonale Küche einen Gaumenschmaus, bei dem man gerne wiederkommt. Dafür sorgt Küchenchef Gerhard Nölly. Zum Beispiel mit dem Heimat-Genuss-Menü: Da kommt die »Geschmelzte Maultasche in der Brüh« vorweg, gefolgt vom »Duo vom Rind« – einem Rinderfilet und geschmortem Bäckle, Selleriepüree, breiten Bohnen, gebackenen Zwiebeln und Dauphine-Kartoffeln. Süß krönen dann die Apfelküchle mit Vanilleeis, Zimtzucker und Sahnetupfer den Abschluss der Mahlzeit. Die natürlich begleitet werden muss von einem guten Tropfen. Das ist das Augenmerk von Arnold Nölly; auch ein Spross der Familie und zertifizierter wie ausgezeichneter Sommelier. 85 Plätze finden sich im Restaurant und weitere 60 Plätze in der Tessiner Grotte, einem urig-gemütlichen Kellergewölbe. Darüber hinaus beherbergt der Hasen noch Räumlichkeiten für Veranstaltungen wie Hochzeiten, Firmenfeiern, Tagungen et cetera.

1984 wurde das Hotel umfangreich erweitert und 2016 komplett renoviert. Mit 66 Zimmern und 108 Betten findet man daher eine ansprechende Herberge direkt in der Altstadt. Gut essen kann man im Hasen von 11 bis 23 Uhr mit durchgehend warmer Küche. Und im Sommer lädt der lauschige Biergarten mit den schattenspendenden Kastanienbäumen zum gemütlichen Verweilen ein.

    Vom Hasenplatz einen Katzensprung weit weg ist das Herrenberger Naturfreibad. Sandstrand, Wasserfall und Sprungturm versprechen im Sommer Badespaß pur!

IN DEN OBEREN STOCKWERKEN DES WALDES
Waldseilgarten Herrenberg

Der Weg könnte einfacher sein. Auf Seilen, Leitern oder auf schwankenden Trittbrettern geht es durch die oberen Stockwerke des Waldes. Doch dies ist der Reiz hier im Herrenberger Waldseilgarten auf dem Alten Rain, ein paar Schritte vom Naturfreundehaus entfernt. An über 50 Kletterelementen und unterschiedlichen Schwierigkeitsgraden können sich die Klettermaxen, nach allen Regeln der alpinen Sicherungstechnik angeleint, an dem Abenteuer von Höhe und Geschicklichkeit versuchen. Spaß und Mutprobe zugleich für Familien, Individualisten oder auch Gruppen in Höhen zwischen vier und 13 Metern. Der Parcours für Kinder ab drei Jahren bewegt sich in Höhen von bis zu eineinhalb Metern. Kinder im Alter von sechs und sieben Jahren dürfen in Begleitung von zwei Erwachsenen schon mit ganz nach oben.

Dort wartet eine Herausforderung, um das Mütchen zu kühlen: der Power Fan. Von der 13 Meter hohen Plattform geht es im nicht ganz freien Fall hinab. Auch wenn der Nervenkitzel abgesichert ist, es bedarf schon an Überwindung, den Schritt ins Leere zu tun und der Schwerkraft zu folgen. Einen Kick verspricht auch das Nachtklettern: Nach Einbruch der Dunkelheit werden die beleuchteten Parcours im Schattenspiel der Bäume bewältigt. Gemütlicher ist es beim Dinner im Baum, wo auf Plattformen in bis zu acht Metern Höhe getafelt wird – angeleint, versteht sich. Serviert wird ein Menü aus heimischen Zutaten, zubereitet vom Restaurant Linde in Affstätt. Für das Servieren ist der Gast selbst zuständig: Er darf sich sein Menü Gang für Gang im Körbchen nach oben ziehen.

⌖ Die Klettersaison im Herrenberger Waldseilgarten beginnt im April und endet Anfang November.

Tunnel
gesperrt

SCHÖNBUCHTUNNEL /// A81 ZWISCHEN DER ANSCHLUSSSTELLE
HERRENBERG UND DEM RASTHOF SCHÖNBUCH ///

WO DIE RÖHRE ZUR BRÜCKE WIRD

Der Schönbuchtunnel in Herrenberg

»Hinterm Tunnel« – das klingt bei manchen Städtern aus Böblingen oder auch aus Sindelfingen wie »hinterm Mond«. Denn spätestens hinter dem Schönbuchtunnel wechselt der Landkreis Böblingen in seinem Südzipfel seinen Charakter – hier gilt der Alltag als ländlich geprägt, auch wenn in den Gewerbegebieten bisweilen ebenfalls große Hallen von Industrie- oder Logistikunternehmen aus der fruchtbaren Gäulandschaft emporragen. Die Ackerflächen waren einst die Kornkammer des Landes.

Von hier, hinterm Tunnel, ist es nur eine knappe Stunde bis in die Schweiz. Die Tangenziale Ovest bei Mailand, Wegmarke zu den Sehnsuchtsorten vieler Urlauber, ist von hier gerade mal viereinhalb Stunden entfernt. Doch nicht nur deshalb kommen die Städter gerne hinter den Tunnel. Hier lockt im Oberen Gäu so mancher Mostbesen nach der Fahrradtour, öffnet sich das Ammertal zum Ausflug in den Schönbuch und bildet die blaue Kette der Alb den Horizont. Alles nicht so ganz weit entfernt und obendrein mit einem hohen Potenzial an Freizeitvergnügen.

1978 wurde die Autobahn A 81 mit ihrem rund 625 Meter langen Tunnel durch den Westausläufer des Schönbuchs gegraben. Seit 2016 ist der Tunnel sicherheitstechnisch wieder auf neuestem Stand – was dennoch wenig daran ändert, dass bei Staus nach Unfällen im weiteren Verlauf der A 81 entnervte Autofahrer durch Herrenberg und den Schönbuch irren.

Nicht nur durch den Tunnel führt eine wichtige Verkehrsachse, sondern auch oben drüber. Einerseits für Menschen, die vom Parkplatz am Herrenberger Waldfriedhof aus Erholung suchen. Andererseits führt hier ein Wildtierkorridor entlang, der Wildkatzen, Rehen und anderen Tieren des Waldes einen Wechsel vom Nordschwarzwald in Richtung Schwäbische Alb ermöglichen soll: Eine Autobahn-Brücke für Tiere – ein netter Gedanke.

✍ Bei Staus vor allem in Richtung Stuttgart vor dem Tunnel viel Geduld mitbringen oder frühzeitig die Autobahn verlassen und das Ganze weiträumig umfahren.

FLOTTES VOLK

Imkerei Minak in Gärtringen-Rohrau

Um eine Jahresausbeute von 20 Kilogramm Honig zu erlangen, müssen gut 40.000 Bienen über die warmen Monate ausschwärmen. In sonnenfreundlichen Jahren kann der Ertrag sogar auf 70 Kilogramm anwachsen. Ein flottes Volk also, die Bienen. Schlechte Erträge gibt es in regenreichen Jahren:»Dann«, so Winfried Minak,»fliegen die Bienen nicht.«

Minak hat ein Händchen für die fleißigen Insekten. Er hat nicht nur eine eigene Imkerei, sondern ist zudem Vorsitzender des Bienenzüchtervereins Herrenberg e. V. Gut 180 Mitglieder stark und 1.340 Bienenvölker groß ist der rührige Verein, der an der Alten Steige in Herrenberg seinen Sitz hat. Die Züchtergruppe besteht aus zehn Imkern. Weil die Nachfrage nach heimischem Honig wächst, verbucht auch die Imkerei Zulauf. So bieten die Herrenberger Bienenzüchter unter anderem Anfängerkurse in Sachen Bienenhaltung an. Einmal im Jahr lädt der Verein zum Tag der offenen Tür, und auf Anfrage gibt es Führungen für Gruppen oder Schulklassen.

Winfried Minaks Imkerei befindet sich direkt vor seiner Haustür in Gärtringen. Dort ist er Herr über 20 Völker und züchtet zudem Königinnen. Seit 1994 ist der heute 70-Jährige Imker. Seine Leidenschaft fürs Bienenvolk wurde ihm aber quasi schon in die Wiege gelegt:»Vater und Patenonkel waren beide Imker und ich bin mit Bienen groß geworden«, erzählt Minak. Begehrt sind seine Königinnen:»Imker aus ganz Deutschland bestellen aus meiner Zucht«, erzählt er. Begehrt ist auch sein Wissen: Neben Einführungskursen in die Imkerei gibt er zudem Aufklärung in Sachen Königinnenzucht und ist damit»weit und breit der Einzige«. Mit so viel Sachverstand und dem richtigen Händchen braucht Minak auch keine Schutzkleidung, wenn er auf Tuchfühlung mit seinen Tierchen geht.»Man muss einfach ruhig bleiben und vor allem nicht nach ihnen schlagen, dann tun sie einem nichts.«

✿ Lieblingsplatz 74 Streuobstwiesenweg Mönchberg: Wild lebenden Hautflüglern bietet das artenreiche Grünland am Schönbuchrand einen idealen Lebensraum.

MÜHLEN MAHLEN LANGSAM

Historische Gips- und Sandmühle in Gärtringen-Rohrau

Runde um Runde dreht das Pferd in dem kleinen Häuschen, während der große, schwere Mahlstein über die Platte rumpelt und die Gesteinsbrocken nach und nach zu feinem Sand verarbeitet. Mit dabei die Rohrauer Sandmänner, die dafür sorgen, dass genügend Nachschub auf die Platte kommt und die Produktion nicht stockt. Es war eine staubige und vor allem eine harte Arbeit, der viele Rohrauer, oft neben der kleinen Landwirtschaft, seit Anfang des 19. Jahrhunderts nachgingen. »Die Unbemittelten, deren es viele gibt, bauen den östlich vom Dorf anstehenden Keupergips ab, den sie in den zwei im Ort vorhandenen Gipsmühlen mahlen und dann in der Umgegend absetzen. Einzelne gewinnen auch aus den nicht fern von den Gipsgruben gelegenen Sandsteinbrüchen weißen Stubensand, durch dessen Absatz sie sich einen spärlichen Verdienst sichern«, heißt es in einer Chronik von 1855.

Das waren Zeiten, als zum Fegen der Holzböden in den Stuben noch Sand eingestreut wurde. Nicht umsonst heißt die Schicht aus rund 200 Millionen Jahre alten Sedimenten deshalb Stubensandstein. Auch wenn der verwitterte Stein leicht zu Quarzkörnern verrieselt, so war es für die alten Rauremer, wie man die Rohrauer nennt, ein Knochenjob, das Gestein an der Steige hinauf in Richtung Hildrizhausen zu brechen, zu zerschlagen und in Brocken zur Sandmühle zu bringen.

Eine dieser Mühlen ist in Rohrau erhalten geblieben und wurde zu einem kleinen Museum ausgebaut. Neben dem Mahlgang sind unter anderem auch die Siebe noch vorhanden, durch die das feine Mahlgut vom groben getrennt wurde. Ein kleiner Videofilm ergänzt den Eindruck dieser Plackerei in alten Zeiten, die den Menschen ein kleines Zubrot ermöglichte. Gleich neben dieser Sandmühle aus dem Jahr 1799 wurde zwischenzeitlich auch eine alte Dorfschmiede eingerichtet.

✍ In den Feuchtwiesen des Naturschutzgebietes Krebsbachaue bei Rohrau können unter anderem Kiebitze beobachtet werden.

KIRCHE, SPEICHER UND REMISE
Hofgut Mauren in Ehningen

Wäre da nicht die Hochspannungsleitung, wollte man glauben, dass hier die Zeit stehen geblieben ist. Auf einer Geländekuppe des Würmtals reckt neben einem Gehölz die Pelagius-Kirche ihren aus Sandsteinen gemauerten Turm in die Höhe. Dies ist der erste Eindruck auf dem Weg von Holzgerlingen in Richtung Mauren.

Längst ist das Kirchenschiff aus dem 15. Jahrhundert seiner eigentlichen Bestimmung entzogen und dient seit fast 200 Jahren dem Hofgut als Speicher und Remise. Dennoch werden das Jahr über immer wieder Gottesdienste gefeiert, vor allem auch an Heiligabend, wenn dazu das Kirchenschiff ausgeräumt wird.

Schon in frühen Zeiten strömten die Menschen nach Mauren, um zu beten. Die Vorgängerkirche war »zur Ehre der seligen Jungfrau Maria, des Pelagius, des Erhard und zur Ehre des Heiligen Kreuzes, der Jungfrau Margaretha und anderer Heiliger« geweiht, so heißt es in einem alten Ablassbrief, und seit dem 14. Jahrhundert ein Wallfahrtsort, der mit einem jährlichen Markt verbunden war. An Mauren vorbei führte ja auch das Rheinsträßle, eine uralte Handels- und Heerstraße, die Augsburg mit dem Bistum Speyer oder auch die Handelsstädte der Bodensee-Region mit der Frankfurter Messe verband.

Der Bolai-Markt der Wallfahrtskirche ist Vergangenheit. Dafür hat der Hofladen in der Regel werktags geöffnet. Dort stehen aus eigener Produktion vor allem frische Eier, Champignons und Fleischerzeugnisse aus Mutterkuhhaltung und Schweinezucht zum Verkauf. Das Angebot wird durch Produkte anderer Landwirte ergänzt.

Gegenüber des Hofguts stehen die Grundmauern eines Renaissanceschlosses, das 1943 durch Bomben zerstört wurde. Über den Grundmauern haben sich die Besitzer, die Familie Krohmer, auf einer Stahlkonstruktion zwei Wohnkuben gebaut, die über den Mauern zu schweben scheinen – ein architektonisch reizvolles Ensemble.

🍷 Zwischen den Grundmauern des Schlosses betreibt Felix Krohmer eine kleine Weinhandlung, in der er immer wieder Verkostungen und Seminare veranstaltet.

KOHLWEIHER ///
BEIM WANDERPARKPLATZ KOHLTOR IN HILDRIZHAUSEN ///

IM ALTEN REICH DER KÖHLER
Kohlweiher in Hildrizhausen

Es war ein hartes Brot, das sich die Köhler einst verdienen mussten. Auch im Schönbuch qualmten die Kohlenmeiler – darauf deuten Namen wie die Tübinger Kohlplatte oder auch der Wald Kohlhau südlich von Hildrizhausen hin. Bis Ende des 18. Jahrhunderts in der Metallverarbeitung mehr und mehr Koks eingesetzt wurde, war Holzkohle der wichtigste Energielieferant, der in den Dorfschmieden, den Metall- und Glashütten die notwendigen Temperaturen erzeugen konnte, um Metall oder auch Glas zu verarbeiten. Der Energieeinsatz war groß, schon um die Holzkohle herzustellen. Rund fünf Tonnen Brennholz mussten durch den Meiler, um eine Tonne Holzkohle zu gewinnen. Damit eine Tonne Schmiedeeisen verarbeitet werden konnte, mussten wiederum sechs Tonnen Holzkohle in der Esse verglühen.

Köhler gibt es im Schönbuch keine mehr. Doch der Kohlweiher hätte ihnen bestimmt gefallen. Das 1975 angelegte Biotop erhielt seinen Namen in Anlehnung an den Kohlhau. Der Teich mit einer Wasserfläche von rund 3.200 Quadratmetern wird vom Vorderbach gespeist und bietet Wanderern die Möglichkeit, durchzuatmen und Wasservögel zu beobachten.

Der Weg zum Kohlweiher führt über den Wanderparkplatz Kohltor, der vom Kreisverkehr am Hildrizhausener Ortsende in Richtung Herrenberg zu erreichen ist. Die kleine Straße führt am Friedhof vorbei zum Waldhaus, einer sozialpädagogischen Einrichtung, und zum Wanderparkplatz. Von dort aus führt der Saufangweg in südlicher Richtung zur Lausterer Eiche und zum Vorderbach. Auf der rechten Seite liegt nun der Kohlweiher. Wer weiterspazieren möchte, folgt beispielsweise dem Saufangweg weiter ins Lindachtal bis zur Lindachspitzhütte, um auf dem Sulzbachweg zur Lausterer Eiche zurückzukehren. Von dort ist es nur noch ein Katzensprung zum Wanderparkplatz.

✍ Werfen Sie in Hildrizhausen einen Blick auf die Nikomedes-Kirche. Sie ist sehr alt und stammt wohl aus der zweiten Hälfte des 12. Jahrhunderts.

HERZLICH UND HEIMELIG
Café Fuchsbau in Hildrizhausen

15

Eine Hauptröhre, ein Kessel und mehrere Fluchtröhren: Das ist grob skizziert die Behausung eines Fuchses. Der *Fuchsbau*, wie das gemütliche Café direkt im Schönbuch in Hildrizhausen kurz und liebevoll genannt wird, hat mit einem Erdbau allerdings wenig gemein. Fluchtröhren brauchen Sie dort auch keine. Denn so viel kann ich Ihnen versprechen: Die Atmosphäre im liebevoll eingerichteten Fuchsbau ist so herzlich und heimelig, dass man dort gerne – und auch länger als geplant – verweilt.

Fünf Jahre alt ist das Café im Jahr 2018. Entstanden sei der Fuchsbau eigentlich aus dem Plan, Tagungsräume für die Einrichtung der Jugendhilfe Waldhaus zu schaffen. »Warum nicht gleich ein Café dazu?«, erzählt Karin Artschwager von den Gedankengängen ihres Mannes, dem Geschäftsführer der Jugendhilfeeinrichtung, Hans Artschwager. Die gemeinnützige GmbH ist eine Institution am Schönbuchrand. Mit über 200 Mitarbeitern ist die Jugendhilfe Waldhaus einer der größten Arbeitgeber in Hildrizhausen und feierte 2017 das 60-jährige Bestehen.

Im Café Fuchsbau ist Karin Artschwager Küchenchefin sowie Geschäftsführerin und sorgt sich zusammen mit vier Mitarbeiterinnen um die Gäste. Unter dem Motto »To go sind bei uns nur die Wanderungen« kommen hier kleine, herzhafte Gerichte sowie feine Kuchen auf den Tisch. Der Schweizer Wurstsalat, verschiedene leckere Toasts, das Griebenschmalzbrot oder auch das aktuelle Tagesangebot munden im Sommer natürlich besonders gut auf der Terrasse unter lauschigen Bäumen.

Fast schon legendär ist der Ostersonntagsbrunch, der freilich schnell ausgebucht ist. Stichwort Brunchen: Feiern lässt es sich im Fuchsbau ausgesprochen gut, ob Geburtstage, Hochzeiten oder Familienfeste; und gerade bei Familienfeiern sei der Brunch im Trend, erzählt Karin Artschwager.

🍸 Probieren Sie unbedingt den Cocktail à la Chefin des Hauses. Karin Artschwager macht einen herrlich prickelnden Limoncello-Prosecco-Mix!

**DER SCHÖNBUCHLAUF STARTET ALLJÄHRLICH
AN DER SCHÖNBUCHHALLE HILDRIZHAUSEN.**

**NÄHERE INFORMATIONEN ERHALTEN SIE BEIM:
TURN- UND SPORTVEREIN HILDRIZHAUSEN 1924 E. V. ///
HERRENBERGER STRASSE 60 /// 71157 HILDRIZHAUSEN ///
0 70 34 / 25 75 83 /// WWW.SCHOENBUCHLAUF.DE ///**

LAUFEND IM HERBST

Schönbuchlauf in Hildrizhausen

16

1974 war die Geburtsstunde des Schönbuchlaufs. Initiiert vom TSV Hildrizhausen gingen damals 120 Läufer an den Start. Beim 29. Schönbuchlauf im Jahr 2002 stellte man mit 1.362 Läufern, die das Ziel passierten, einen Rekord auf. Inzwischen sind die Teilnehmerzahlen zwar wieder zurückgegangen, ein Klassiker in der Runningszene ist und bleibt der jährlich im Herbst stattfindende Schönbuchlauf wohl trotzdem.

Die Disziplin über 25 Kilometer ist unkonventionell, denn seit den 1980er-Jahren entspricht die Halbmarathondistanz über exakt 21,097 Kilometern den allgemeinen Laufstandards. Die Macher vom TSV Hildrizhausen hielten aber an ihrer traditionellen Route fest und machten nicht zuletzt dadurch den Schönbuchlauf zu einem außergewöhnlichen Laufevent.

Start und Ziel ist an der Schönbuchhalle in Hildrizhausen. Zunächst geht es leicht bergab durch das Große Goldersbachtal bis zur Teufelsbrücke. Die Strecke durch das Kleine Goldersbachtal bis zur Gabeleiche bedeutet eine leichte Steigung, danach geht es bis zum Ziel wieder bergab. Beste Anforderungen also für einen abwechslungsreichen Lauf. Die Besonderheit ist dabei zweifelsfrei die Idylle des Naturparks.

Der Schönbuchlauf reiht sich in eine Kette von Laufwettkämpfen, die den Schönbuch-Cup bilden: Riedlauf Weil der Stadt, Werkstattlauf Sindelfingen, Waldtrail Holzgerlingen, MERCADEN Stadtlauf Böblingen, Waldlauf Dagersheim sowie Mondfängerlauf Kuppingen. Dabei ist Abwechslung garantiert. Ob in der Kreisstadt, in der Dämmerung auf illuminierter Strecke oder spannend im Speedrace oder am Feuerbuckel: Dieser Wettbewerb lässt Läuferherzen höher schlagen! Und wer immerhin vier der sechs Läufe absolviert, sichert sich einen Platz in der Cup-Wertung. Besonders gefördert wird dabei der laufende Nachwuchs, denn für Kids und jugendliche Läufer wird kein Startgeld erhoben.

🖉 Laufend durch die Woche: Immer mittwochs um 17 Uhr und sonntags um 9 Uhr startet die Laufgruppe des TSV am Hildrizhausener Vereinsheim zur gemeinsamen Runde.

DEN BIRKENSEE ERREICHEN SIE AM BESTEN
VOM WANDERPARKPLATZ AM FRANZENSTRÄSSLE AUS.

NÄHERE INFORMATIONEN ERHÄLTLICH UNTER:
WWW.NATURPARK-SCHOENBUCH.DE ///

EIN ZAUBERHAFTES FLECKCHEN WASSER

Birkensee in Altdorf

17

Stille und Abgeschiedenheit, Waldromantik und eine glitzernde Wasseroberfläche – der Birkensee hat das Zeug dazu, ein Lieblingsplatz zu werden. Doch man muss schon wissen, wo man ihn suchen muss. Das zauberhafte Fleckchen Wasser liegt auf dem Rücken des Brombergs, mit 581 Metern die höchste Erhebung des Naturparks.

Die Idylle musste sich erst entwickeln. Einst herrschte hier geschäftiges Treiben: Rhätsandstein, der härteste Sandstein und damit begehrtes Baumaterial, wurde abgebaut. Nachdem der Steinbruch Anfang des 19. Jahrhunderts aufgegeben wurde, sammelte sich nach und nach das Wasser. Heute ist der See weitgehend verlandet und ist ein Hochmoor geworden – Heimat für viele seltene Pflanzen wie Wollgrasarten, Torfmoose oder auch den rundblättrigen Sonnentau.

Ausgangspunkt für eine kleine Wanderung zum Birkensee ist der Wanderparkplatz am Franzensträßle, südlich der Bundesstraße B 464 zwischen dem Schaichhof und dem Wanderparkplatz Weißer Stein. Auch wenn der Schönbuch von uralten Handelswegen durchzogen ist, das Franzensträßle ist jüngeren Datums. Herzog Carl Eugen hatte 1753 französische Straßenbauer ins Land geholt, um auch im Schönbuch die Verkehrswege auf Vordermann zu bringen. Diese Straßen waren geschottert, mit Entwässerungsgräben und Ausweichplätzen für Gespanne. Als Rest einer solchen »Franzosen-Straße« gilt das Franzensträßle.

Vom Parkplatz aus, an den der Golfplatz vom Schaichhof grenzt, geht es nach Süden, um nach rund 700 Metern rechts dem Bromberg-Sträßchen zu folgen. Nach knapp zwei Kilometern geht es nach links in Richtung Schneisenweg. Nun ist es nur noch ein Katzensprung zum Birkensee, der ausgeschildert ist. Zurück führt der Weg über das Bromberg-Sträßchen am Bromberghang entlang bis zum Weinweg, auf dem man in einem Bogen zum Golfplatz und anschließend wieder zum Wanderparkplatz gelangt.

✍ Wer tiefer in den Schönbuch vordringen möchte, wandert vom Birkensee zum Falkenkopf. Seine Aussichtskanzel gewährt einen schönen Blick ins Goldersbachtal.

KAISER WILHELM UND GRÄFIN VON PARIS

Golfplatz Schaichhof in Holzgerlingen

18

Elitär, teuer, spießig, überaltert: Diese Plakette, die dem Golfen lange Zeit anheftete, ist heute längst überholt. Golfsport ist en vogue und die Clubanlagen keine geschlossenen Zirkel. Das gilt vor allem für den Schaichhof. Auch, oder gerade weil *Kaiser Wilhelm* und die *Gräfin von Paris* dort Dauergäste sind. Die beiden »Adligen« hängen als Apfel und Birne hier am Obstbaum und sind seit 2015 Bestandteil eines Lehrpfades. Entlang der alten römischen Rheinstraße, eines beliebten öffentlichen Wanderweges quer durch den Schaichhof, stehen 27 beschilderte Obstbäume.

Abwechslungsreiche Bahnen mit Seen und Bächen, eingebettet in Streuobstwiesen, sind das Pfund, welches die Golfanlage mitten im Schönbuch bietet. Einst Mustergut der königlichen Hofdomänenkammer, heute Württembergische Hofkammer, wurde aus dem 110 Hektar großen Areal 1989 ein Golfplatz. Neben dem 18-Loch-Clubplatz gibt es zudem einen 9-Loch-Platz für Golfer ohne Vereinsmitgliedschaft. Mit diesem öffentlichen Clubplatz ist der Schaichhof der erste seiner Art in Baden-Württemberg und mit über 60 Abschlagplätzen auch eine der größten Übungsanlagen in Süddeutschland. Über 1.000 Mitglieder zählt die Golfanlage. Seit 2006 gehört der Schaichhof auch zur Wertegemeinschaft der *Leading Golf Courses of Germany* und ist damit eine der 35 Golfanlagen in Deutschland, die sich mit dieser Auszeichnung schmücken dürfen.

Eine Augenweide also, der Golfplatz wie auch der öffentliche Obstbaumlehrpfad. Naturschutz zeichnet den Schaichhof aus. Neben der Renaturierung der Schaich wurden Bienen- und Nistkästen aufgestellt, und das große Insektenhotel mit den Schautafeln zeigt Vielfalt: Wildbienen, Wespen, Ameisen oder auch Schmetterlinge finden hier Unterschlupf. 2017 wurden zudem Steinkauzkästen installiert, sodass sich die Eule, neben Falke und Bussard, heimisch fühlen kann.

✺ Genießen Sie den herrlichen Ausblick von der Terrasse des Restaurants am Golfplatz bei gutbürgerlicher Küche mit feinem italienischen Einschlag!

DER GESAMTE SCHÖNBUCH IST EIN SCHÖNES PILZREVIER.
DER WANDERPARKPLATZ WEISSER STEIN AN DER
BUNDESSTRASSE B 464 BEI WEIL IM SCHÖNBUCH
BEISPIELSWEISE IST EIN GUTER AUSGANGSPUNKT FÜR DIE PILZSUCHE.

WWW.VHS.HERRENBERG.DE ///

KEINE PFIFFERLINGE IM DUNKLEN TANN

Auf Pilzsuche in Weil im Schönbuch

19

Manchmal sieht man den Wald vor lauter Bäumen nicht. Mit den Pilzen verhält es sich bisweilen genauso. Da muss man fast schon über einen Maronenpilz oder ein paar Herbsttrompeten stolpern, bevor sie einem ins Auge stechen. Andererseits das, was sofort ins Auge springt und auf den ersten Blick so aussieht wie ein paar achtlos hingeworfene aufgeweichte Brötchen, können eigentlich nur leckere Semmelstoppelpilze sein.

Der Schönbuch ist ein gutes Pilzrevier. Einer, der es wissen muss, ist Manfred Kraft. Der Weilemer, wie man die Einwohner von Weil im Schönbuch nennt, ist Mitglied im Förderverein des Naturparks Schönbuch und geht schon seit Langem in die Pilze. Und er weiß um die Gefahr beim Sammeln:»Knollenblätterpilze, Risspilze und Fliegenpilze. Die muss jeder Pilzsammler hundertprozentig kennen, denn die sind tödlich giftig«, sagt er. Ansonsten solle man auch nur die Pilze sammeln, die man kennt. Selbst nur einen verdorbenen Magen sei kein Pilzgericht wert. Und, so Manfred Kraft:»Wichtig ist, immer wieder zu riechen. Denn das, was stinkt, das schmeckt auch nicht.«

Pilze gibt es im Schönbuch das ganze Jahr über zu finden, vorausgesetzt, die Witterung ist nicht zu trocken.»Einer der ersten Pilze im Frühjahr ist der Mairitterling, der oft in Hexenringen wächst«, erklärt der Weilemer. Doch Vorsicht: Wie so oft im Reich der Pilze hat auch der essbare Mairitterling einen giftigen Gegenspieler – den Weißen Trichterling. Bereits im Juli tauchen die ersten Pfifferlinge im lichten Buchenwald auf. Manfred Kraft:»Im dunklen Tann finden Sie keinen Pfifferling.« Sein Favorit ist freilich der Steinpilz, der ab Juni zu finden ist. Doch bei aller Sammelfreude rät Manfred Kraft auch zum Maßhalten, nicht nur der kommenden Pilzgenerationen wegen.»Man sollte Pilze immer nur als Beilage essen. Zu viel davon ist schwer verdaulich.«

✐   Die Volkshochschulen rund um den Schönbuch, beispielsweise in Herrenberg, bieten vor allem im Herbst immer wieder Pilzwanderungen mit Experten an.

Waldgasthof
Weiler Hütte

**WALDGASTHOF WEILER HÜTTE /// TÜBINGER STRASSE 100 ///
71093 WEIL IM SCHÖNBUCH /// 0 71 57 / 6 12 70 ///
WWW.WEILER-HUETTE.DE ///**

URGEMÜTLICH SCHWÄBISCH
Waldgasthof Weiler Hütte

20

Aus einer einfachen Blockhütte, erbaut in den 1950er-Jahren entwickelte sich im Laufe der Zeit geradezu ein Besuchermagnet. Wanderer und Radfahrer, Gruppen, die sich zum After-Work-Schoppen verabreden, oder auch Übernachtungsgäste geben sich hier die Klinke in die Hand. In seinem Inneren punktet der Waldgasthof vor allem mit urig schwäbischer Gemütlichkeit, und zur Sommersaison rückt man gerne im großen Biergarten zusammen.

Seit 1953 bereits gibt es die Weiler Hütte. Eine engagierte Gruppe aus Frauen und Männern gründete damals in Weil im Schönbuch die Arbeitsgemeinschaft für Heimatpflege e. V. Man errichtete eine Blockhütte, die Platz für Übernachtungsgäste bot, und begann – zunächst an den Wochenenden –, »Bier und Wasser an Wanderer auszuschenken«, erzählt Gerlinde Hiller, die Vorsitzende des Vereins, deren Mann ein Gründungsmitglied war. »Der Schönbuch ist so schön, dass ihn sich auch Leute von außerhalb nicht entgehen lassen dürfen«, das sei der Anspruch des Heimatpflegevereins damals gewesen. Bis zum Jahr 1996 bewirtschaftete die vor Ort liebevoll *Verschönerungsverein* genannte Aktionsgemeinschaft die Weiler Hütte. Mit Eberhard Hiller wurde dann ein Pächter gefunden, der bis heute den Waldgasthof in Eigenregie bewirtschaftete. 30 Mitglieder zählt Gerlinde Hiller heute im Verein und bedauert: »Wir haben leider keinen Nachwuchs mehr.« Teilweise über 90 Jahre alt seien die ältesten Heimatpfleger.

Neu auf die Füße gestellt wurde zum 50-jährigen Jubiläum im Jahr 2003 der Weihnachtsmarkt. Eine Erfolgsgeschichte: Von anfangs 15 Ständen wuchs das Event auf 45 Stände im Jahr 2016 an. Das weihnachtliche Ambiente rund um die Weiler Hütte wird dann abgerundet durch den besinnlichen Flair innerhalb der Gaststätte: Ein Märchenzimmer sowie eine Bastelstube bieten vor allem den kleinen Gästen Unterhaltung.

✍ Eine Wohltat an Sommertagen und nicht nur für Wanderer: das Wassertretbecken in unmittelbarer Nähe der Weiler Hütte. Unbedingt die Füße eintauchen!

ROTWILDERLEBNISPFAD /// BEIM WANDERPARKPLATZ WEISSER
STEIN AN DER BUNDESSTRASSE B464 BEI WEIL IM SCHÖNBUCH ///

DIE FRAU DES HIRSCHS IST NICHT DAS REH

Rotwilderlebnispfad in Weil im Schönbuch

21

Hirsche und Hirschkühe in den Blick zu bekommen, ist beim Rotwildlehrpfad garantiert. Auf rund eineinhalb Kilometern zieht sich der Erlebnispfad an einem Wildgehege entlang. Die nächstgelegenen Ausgangspunkte für den Spaziergang mit der ganzen Familie sind der Wanderparkplatz Weißer Stein an der Bundesstraße B 464 südlich von Weil im Schönbuch zwischen dem Schaichhof und der Kälberstelle oder der Wanderparkplatz Ranzenpuffer, weiter in Richtung Tübingen an der Landesstraße 1208. Dessen lustiger Name stammt übrigens von einem gleichnamigen Geist, einem ehemaligen Jäger, der seit alten Zeiten Waldarbeiter und Wanderer im Schönbuch erschreckt und seinen Opfern gegenüber bisweilen auch ein wenig handgreiflich wird.

In jüngerer Zeit jedoch tauchte der Ranzenpuffer wohl nicht mehr auf, sodass sich Familien mit Kindern, Schulklassen und Rotwild-Freunde hier ohne Bedenken auf den Erlebnispfad begeben können. Dieser ist sowohl mit dem Rollstuhl als auch mit dem Kinderwagen gut befahrbar und vermittelt den Besuchern an acht Stationen viel Wissenswertes über das Rotwild im Allgemeinen – und über den König des Schönbuchs im Besonderen. Dieser ist seit fast 40 Jahren eingesperrt. Nur hier in den beiden Gattern des Naturparks gibt es, auf einer Fläche von rund 4.000 Hektar, in der Region noch Hirsche in freier Wildbahn. Unter anderem erfährt man hier übrigens auch, dass die Frau des Hirschs die Hirschkuh ist und nicht, wie oft fälschlicherweise angenommen wird, das Reh.

Doch zu trocken und theoretisch soll es an den Tafeln des Lehrpfads nicht zugehen. Spaß und Sport verspricht zum Beispiel eine Weitsprunggrube, an der sich die Besucher mit den Bewohnern des Waldes messen können: Wer springt weiter als eine Haselmaus, als ein Hase oder gar ein Wildschwein?

🐾 Nach dem Spaziergang auf dem Rotwildpfad bietet sich eine Einkehr in der Weiler Hütte (siehe auch Kapitel 21) jenseits der Bundesstraße an.

GARUDA FALKNEREI /// LAUHWIESENSTRASSE 49 ///
71093 WEIL IM SCHÖNBUCH /// 01 76 / 81 03 95 36 ///
WWW.GARUDA-FALKNEREI.DE ///

DIE FALKNERIN UND IHRE GREIFE
Garuda Falknerei in Weil im Schönbuch

22

Merlin riecht den Braten nicht, er sieht ihn. Über seinen gelb-schwarzen Schnabel hinweg fixiert er mit scharfem Auge das Stubenküken – oder vielmehr das, was davon übrig geblieben ist. Dann stößt er sich von seiner Warte ab. Nach ein paar schnellen Flügelschlägen geht er in den Gleitflug über und landet mit gespreizten Schwingen auf dem Handschuh von Vanessa Müller. Merlin ist ein Wüstenbussard und er ist einer der Stars der Garuda Falknerei vor den Toren Weils, auf der Schönbuchlichtung.

Adler und Geier, Bussarde und Falken, Habichte und Eulen: Die Falknerin arbeitet mit rund 20 Vögeln – im Sommer wie im Winter. »Im Winter ist die Arbeit für die Vögel oft angenehmer als im Sommer bei 30 Grad. Lediglich die Falknerin friert manchmal ein bisschen«, sagt Vanessa Müller. Zu dieser Arbeit gehört unter anderem auch, Tauben von Orten zu verjagen, wo sie nichts zu suchen haben – auf dem Stuttgarter Flughafen zum Beispiel. So sind die Vögel auch fit für die Flugschauen der Sommersaison, die stets am 1. Mai mit einem Tag der offenen Tür in der Falknerei beginnt.

Dann breitet auch Montana wieder seine Schwingen aus und segelt elegant nur knapp über den Köpfen der Besucher hinweg auf den Handschuh der Falknerin. Montana ist ein Weißkopfseeadler und der größte unter den Garuda-Greifen. Wie alle anderen Vögel der Falknerei stammt Montana aus einer europäischen Zuchtstation. »Es besteht kein Anlass mehr, sich die Vögel aus der Natur zu holen«, sagte Vanessa Müller. Auch sie hat damit begonnen, Vögel nachzuzüchten. Die Greifvögel, die verletzt oder verwaist bei ihr abgegeben werden, erhalten tierärztliche Pflege, werden aufgepäppelt – und am Ende wieder in die Freiheit entlassen.

Merlin sitzt ruhig auf dem Handschuh der Falknerin und schaut aufmerksam in die Runde. Den Lohn für seine Flugeinlage hat er mittlerweile verspeist.

🪶 An der Garuda Falknerei beginnt der knapp fünf Kilometer lange Greifvogel-Erlebnispfad mit interessanten Informationen zu heimischen Greifen.

DIE KÄSMACHER /// WALDENBUCHER STRASSE 75 ///
71093 WEIL IM SCHÖNBUCH /// 0 71 57 / 6 49 32 ///
WWW.DIE-KAESMACHER.DE ///

BEI DEN WEISSEN ZIEGEN

Die Käsemacher in Weil im Schönbuch

23

Neugierig drehen sich Dutzende von Köpfen zur Tür, wenn Hartmut Binder den Stall betritt. Große dunkle Augenpaare beobachten ihn. Die langen rosa Ohren sind gespannt gestellt. Über 100 weiße Saanenziegen haben Hartmut Binder und seine Frau Ulrike im Stall stehen. Die Milch der Tiere verarbeitet der landwirtschaftliche Betrieb am Ortsrand von Weil im Schönbuch, an der Straße nach Waldenbuch, seit rund 20 Jahren zu Käse. Am Anfang stellte Hartmut Binder ausschließlich Frischkäse her. Mittlerweile hat der Bio-Landwirt die Produktpalette um Schnittkäse, einen Weichkäse nach Feta-Art und Quark erweitert. »Der Quark ist zwar zu Konservierungszwecken ein wenig gesalzen, aber er eignet sich nach wie vor für Kuchen und Desserts«, sagt Hartmut Binder.

Vor acht Jahren hat die Familie ihren Betrieb auf eine biologisch-organische Betriebsweise umgestellt und arbeitet nach den Richtlinien des Bioland-Verbandes. Seitdem tummeln sich nicht nur Ziegen auf dem Hof. »Es war nicht einfach, für den Hofladen in ausreichender Menge Bio-Eier zu bekommen«, sagt Hartmut Binder. Deshalb scharren auch über 200 Hühner auf den Wiesen rund um den Bauernhof. Denn die Binders setzen auf Außenhaltung. »Das ist das Nonplusultra in der Hühnerhaltung. Die Tiere brauchen Grünauslauf. Deshalb sind sie maximal 14 Tage auf ein und derselben Wiese«, sagt Hartmut Binder. Dann wird der mobile Stall mit dem Weidenzaun einfach versetzt, damit die Tiere nicht in ihrem eigenen Dreck scharren.

Ihre Produkte verkaufen die Weiler Landwirte im eigenen Hofladen, über Hofläden von Kollegen, auf Wochenmärkten und an die Gastronomie. Für die Zicklein, die nicht für die Zucht benötigt werden, stehen namhafte Köche wie Vincent Klink von der Stuttgarter Wielandshöhe auf der Kundenliste.

✿ Der ehedem einfache Hofladen der Familie Binder hat sich zum kleinen Biomarkt mit einer breiten Palette an Lebensmitteln und anderen Produkten gemausert.

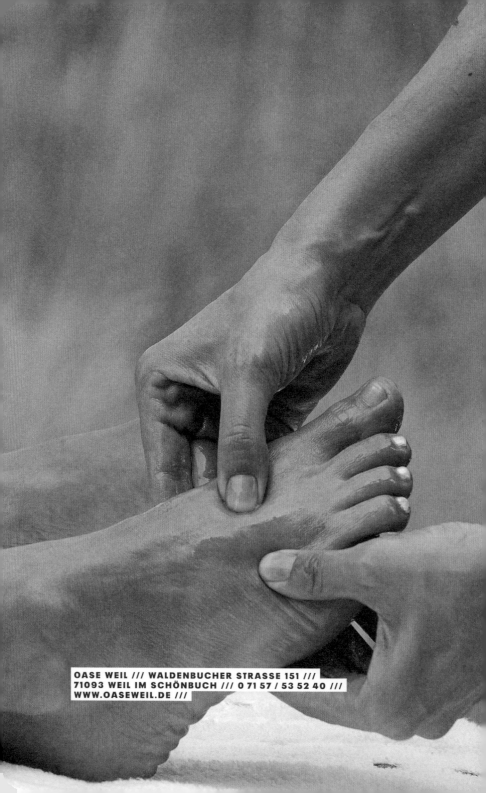

OASE WEIL /// WALDENBUCHER STRASSE 151 ///
71093 WEIL IM SCHÖNBUCH /// 0 71 57 / 53 52 40 ///
WWW.OASEWEIL.DE ///

SANFTE ÖLMASSAGE

Oase Weil in Weil im Schönbuch

24

Abhyanga ist die Königin der Ölmassagen im Ayurveda. Diese Ganzkörpermassage mit einer Kombination aus heilenden Ölen und speziellen Massagetechniken gilt als entspannend und regenerierend. Mitten im Schönbuch auf dem Gelände der ehemaligen Totenbachmühle – einer großen idyllischen Lichtung – ist in den letzten Jahren eine Stätte dieser fernöstlichen Heilkunst entstanden.

»Ayurveda, das sind nicht nur sanfte Ölanwendungen«, betont Nadja Steckel, Therapeutin, Prüferin und Dozentin. Ihre Ausbildung hat die Herrenbergerin, Jahrgang 1981, am renommierten Ayurveda College Pty. Ltd. in Australien gemacht. »Ayurveda ist die älteste und ganzheitlichste Medizinlehre«, erklärt die Expertin, die in der Oase Weil ein »individuelles Programm, das ganz auf den Gesundheitszustand, die Lebenssituationen und Möglichkeiten des Patienten zugeschnitten ist«, anbietet. Dabei stehen Gesundheitsberatungen, therapeutische Massagen und Anwendungen, Kuren, Kurse und Fortbildungen auf dem Plan.

Die Oase Weil versteht sich als Kultur- und Freizeitzentrum zum intellektuellen Austausch; das Ayurvedische Zentrum ist dabei nur ein Bestandteil. Als Highlight entstand hier auch ein Baumhaushotel. *Wipfelträumer*, *Flaschengeist* oder auch *Klabautermann* heißen die Häuschen, die in rund zehn Meter Höhe zwischen Bäumen thronen. Verbunden sind die eigenwilligen Unterkünfte durch Treppen, Stege und Plattformen. Die insgesamt acht Herbergen wurden 2017 offiziell eröffnet. Ein Restaurant und ein großer Spa- und Wellnessbereich sollen das Hotel komplettieren. Die Baumhäuser mitten in der Schönbuchidylle lassen keinen Komfort vermissen. So sind die Refugien allesamt mit einer kleinen Küche, WLAN, Telefon und TV-Gerät ausgestattet. Die gemütlichen Zimmer, mit einem Interieur aus Eichen- und Fichtenholz, bieten reizvolle Ausblicke in die Naturlandschaft des Schönbuchs.

⌕ Das neue *Oase-Forum*, eine 300-Quadratmeter-Location, kann als Bankettraum, Kongresshalle oder auch als Messetreff genutzt werden.

WÜRTTEMBERGISCHE EISENBAHN-GESELLSCHAFT ///
TORSTRASSE 2 /// 72135 DETTENHAUSEN ///
0 71 57 / 52 29 0 /// WWW.SCHOENBUCHBAHN.DE ///

ERFOLGSMODELL AUF DER SCHIENE

Die Schönbuchbahn zwischen Böblingen und Dettenhausen

25

Großer Bahnhof in Weil im Schönbuch: Am 15. Oktober 1910 rollte die Schönbuchbahn mit viel Trara zum ersten Mal in den neuen Bahnhof, und die Zeit der Postkutschen hatte ein Ende gefunden. Die Menschen von der Schönbuchlichtung hatten eine schnelle Verbindung in die Oberamtsstadt Böblingen. Auch der Güterverkehr florierte. Von Holzgerlingen aus versandte beispielsweise die Bandweberei Binder, der Bändeles Binder, ihre Waren in alle Welt.

Spätestens mit dem Baubeginn für die neue Linie 20 Monate zuvor wurde ein Schlussstrich unter jahrzehntelange Debatten über Bau und Streckenführung gezogen. Doch als sich der Landtag für die Linie ab Böblingen entschieden hatte, mäkelten die Holzgerlinger an der Schleife über den Schönaicher First herum, beanspruchten die Altdorfer einen Bahnhof. Bis die Regierung ein Machtwort sprach: Entweder man einigt sich, oder das Projekt verschwindet in den Schubladen. 1911 erreichte die Bahn schließlich Dettenhausen.

Bis Ende 1966 zuckelten die Züge über die Schönbuchlichtung, als die Bundesbahn den Personenverkehr einstellte. 1990 war auch mit dem Güterverkehr Schluss. Doch da dachten die Landkreise Böblingen und Tübingen bereits darüber nach, die Bahn zu reaktivieren. Gutachter hatten – wohlwollend – rund 2.500 Fahrgäste am Tag vorhergesagt. Im Dezember 1996 wurde der fahrplanmäßige Verkehr aufgenommen. Bereits in den ersten Monaten stieg die Zahl der Fahrgäste auf täglich rund 3.000 an.

Heute sind es bis zu 10.000, vor allem Schüler und Pendler, die die Schönbuchbahn nutzen – und die Linie an ihre Kapazitätsgrenze bringen. Deshalb entschieden sich die beiden Landkreise für den Ausbau der Strecke. Wenn die Züge wieder zwischen Böblingen und Dettenhausen verkehren, sind sie elektrisch unterwegs und zum Teil, bis Holzgerlingen, im Viertelstundentakt.

✍ Bis Herbst 2018 wird die Linie teilweise zweigleisig ausgebaut und elektrifiziert – solange werden zwischen den Bahnhöfen Busse als Ersatz eingesetzt.

URLAUB VOM ALLTAG

Mineraltherme in Böblingen

26

So muss sich eine Vanilleeiskugel fühlen, wenn sie mit heißen Himbeeren übergossen wird. Erst langsam und dann doch mit Macht senkt sich der Dampf und kriecht wie ein heißer Hauch den Rücken hinab. Die Poren, die sich bislang noch geweigert haben, sich zu öffnen, kapitulieren nun vor dem Dampf des Aufgusses. Wasser und Schweiß perlen am Körper herab auf das Handtuch. Es ist in doppelter Hinsicht atemberaubend. Eine Tortur, der ich mich mit Freuden aussetze.

Ich schmachte gerne in der Birken- oder der Quellensauna der Böblinger Mineraltherme. Die Panorama- und die Blütensauna, wo gemäßigtere Temperaturen herrschen, sind auch schön, aber die überlasse ich gerne anderen Badegästen. Ausnahme: die Meeresklimasauna. Hier können feine Salznebel und ionisierter Sauerstoff nicht nur im Winter zu freien Atemwegen verhelfen.

Doch jetzt ist Schwitzen angesagt. Für den letzten Anflug hoch temperierter Luft sorgt der Saunameister. Stoßweise schickt er mit dem Handtuch – bisweilen mit einer großen Fahne – Heißluftschwälle zu den Saunagästen. Noch ein paar Augenblicke, dann ist dieser Saunagang vorbei. Draußen wartet schon der Liegestuhl im Saunagarten der Mineraltherme.

Dieser Garten, mit seinen Polstern aus exotischen Gräsern, dem kleinen künstlichen Bach, der sich scheinbar als kleiner Wasserfall in das warme Außenbecken ergießt, ist für mich das Schönste, was die Bäderlandschaft der Region den Freunden des gepflegten Schwitzens zu bieten hat. Es ist, in allen Jahreszeiten, Urlaub vom Alltag. Alltagspflichten und Termindruck bleiben hinterm Drehkreuz zurück.

Dies gilt in selbem Maße auch für die anderen Bereiche der Mineraltherme, ob im regulären Saunabereich, im Becken unter der großen Kuppel oder im Außenbecken. Dies ist kein Spaßbad mit Rutschen und Action. Der Spaß heißt hier Entspannung. Urlaub vom Alltag eben.

⌀ In Böblingen sollte man einen Blick in die Motorworld in den Gebäuden des ehemaligen Landesflughafens werfen – nicht nur für Auto- und Oldtimerfreunde sehenswert.

EIN SCHUSS MEHR LIMO

Naturparkbier Schönbuch-Radler in Böblingen

27

Der Schönbuch wird zum deutschen Waldgebiet des Jahres gewählt. Das war 2014. Zur Feier des Tages sollte der Titel gebührend begossen werden. Zumal sich nicht nur im Jubiläumsjahr viele durstige Wanderer und Radler tummeln. So setzte sich Mathias Allgäuer von der Naturparkverwaltung mit Werner Dinkelaker in Verbindung, dem Geschäftsführer der Schönbuch Braumanufaktur in Böblingen. Die beiden kennen sich vom Förderverein Schönbuch, den die Brauerei bei Festen und Aktionen immer wieder unterstützt.

Seit 1823 braut das Böblinger Familienunternehmen Bier und bringt immer wieder Spezialitäten wie das Pale Ale oder einen dunklen Bock auf den Markt, die zum Teil nur saisonal angeboten werden. So ließ sich der Böblinger Diplombraumeister nicht lange bitten. Ein Radler, das passte zu einem der wichtigsten Freizeitvergnügen im Naturpark. Spritzig und frisch sollte es werden. Deshalb steckt ein bisschen mehr Zitronenlimonade in der Flasche als Bier.

Die Grundlage des Biers, die Braugerste, wird auf der Schönbuchlichtung auf rund 120 Hektar zwischen Hildrizhausen und Steinenbronn angebaut. »Die Region bietet beste Voraussetzungen für Braugerste. Die Böden sind gut und das Klima ist nicht zu feucht oder zu trocken«, sagt Werner Dinkelaker. Rund 600 Tonnen jährlich ernten die rund 20 Vetragsbauern, die für ihre Gerste stets einen Zuschlag zum regulären Marktpreis bekommen. Zusammengefasst und in die Mälzerei geschickt wird die Ernte von der Altdorfer Mühle. Müller Karl Ruthardt ist der geistige Vater des Modells, den Braugerstenanbau auf der Schönbuchlichtung zu erhalten. Werner Dinkelaker: »So profitieren beide Seiten davon. Die Landwirte haben Sicherheit in Bezug auf Abnahme und Preis. Wir haben die Gewissheit, Qualität geliefert zu bekommen.«

🍺 Mit dem *Platzhirsch* und dem *Brauhaus* hat die Braumanufaktur verschiedene Gaststätten auf ihrem Gelände – mal gutbürgerlich, mal ortsfestes Bierzelt.

LANDJÄGER UND SAMMLER

Polizeimuseum in Dettenhausen

28

Auf diesem Polizeiposten verweilen Sie länger, das kann ich Ihnen versprechen! Nicht weil womöglich die Gittertür ins Schloss fällt. Auf der Wache im alten Rathaus in Dettenhausen öffnen sich die Türen in die Vergangenheit. Der kleine Drei-Mann-Polizeiposten ist zugleich ein Museum. Dazu eines, das wohl deutschlandweit seinesgleichen sucht.

Alte Polizeikellen schmücken die Wand, daneben eine Vitrine mit dem ersten »Radarmessgerät der Polizei«, einer Stoppuhr aus den 1920er-Jahren. Verschiedene Dienstgradabzeichen, ein Fahndungsbuch, Fotos der Dettenhausener Polizei und vieles mehr. Schaufensterpuppen zeigen verschiedene Uniformen und die an der Wand hängenden Mützen den Wandel polizeilicher Kopfbedeckungen. Verantwortlich für diese historisch geschmückte Dienststelle ist Polizeihauptmeister Bernhard Strobel. Der Polizist ist leidenschaftlicher Sammler geschichtsträchtiger Polizeiuniformen. Seit 1988 ist der Dienststellenälteste auf dem Dettenhausener Posten, zehn Jahre vorher begann er mit seiner Privatsammlung, die dann in den Räumlichkeiten des Polizeipostens eine Herberge gefunden hat.

Die Schautafeln an den Exponaten geben Erklärung. Allerdings ist es viel spannender, wenn Bernhard Strobel die Geschichte zum jeweiligen Ausstellungsstück erzählt. Beispielsweise zur ältesten Uniform im Museum, einem Rock der Königlich Württembergischen Landjäger. Oder die Landjäger-Uniform aus der Weimarer Republik. Beeindruckend ist auch das im Originalzustand erhaltene NSU-Motorrad Baujahr 1962. Eingesetzt wurde dieses in Tübingen bei der Landespolizeidirektion. Im Dettenhausener Posten steht es jetzt im Originalzustand und »wäre fahrbereit«, schmunzelt Bernhard Strobel. Seine Exponate bekommt er über Sammlerbörsen oder übers Internet, und als Mitglied des Vereins für Polizeigeschichte hat er außerdem zahlreiche Kontakte.

Nach dem Polizeimuseum oder davor: Besuchen Sie unbedingt auch das Schönbuchmuseum in Dettenhausen! Ebenfalls ein kulturelles Kleinod!

FREIBAD DETTENHAUSEN /// STUTTGARTER STRASSE 2 ///
72135 DETTENHAUSEN /// 0 71 25 / 76 14 36 /// WWW.DETTENHAUSEN.DE ///

FÖRDERVEREIN FREIBAD DETTENHAUSEN /// FRIEDRICHSTRASSE 5 ///
72135 DETTENHAUSEN /// WWW.BAEDLESVEREIN-DETTENHAUSEN.DE ///

CHARMANTES BÄDLE!

Freibad in Dettenhausen

29

Coole Drinks und heiße Musik lautet das Motto der Karibiknacht im Dettenhausener Freibad, traditionell immer am zweiten Freitag im Juli jeden Jahres. Bei diesem jährlichen Highlight verbucht man zahlreiche Gäste, exotische Cocktails machen die Runde, und bis 22 Uhr darf dann zudem im Becken geplanscht werden. 25 mal 15 Meter groß ist der Wasserspaß in Dettenhausen, da versteht sich der liebevolle Name »Bädle« von selbst. Großartig ist die Geschichte wie auch die Initiative um das kleine Freibad.

2016 feierte der Bädlesverein sein zehnjähriges Bestehen. Eine starke Truppe: Ehrenamtlich legen die Mitglieder schließlich Hand an für das Freibad. Die Pflege der Grünanlage, kleinere Reparaturen oder der Kassenbetrieb: Das alles bedeutet freiwillige Arbeitsstunden für die inzwischen zahlreichen Mitglieder. 32 Männer und Frauen gründeten im April 2006 den Verein. Die Geschichte des kleinen Freibades reicht aber bis ins Jahr 1933 zurück. Auch damals wurde schon in Eigenleistung die erste Freibadanlage, die noch mit Bachwasser gespeist wurde, erbaut. 1951, Gelände samt Bad war inzwischen verwahrlost, wurde die Anlage wieder in Schuss gebracht. Im Landkreis Tübingen hatte Dettenhausen damit das erste Freischwimmbad. Heute kann man sich nicht nur im Wasser vergnügen; ein Beachvolleyballfeld, eine Bouleanlage und diverse Spielgeräte finden sich in der Anlage. Im Jahr 2017 wurde eine größere Sanierung in Angriff genommen. Vor allem der Kinderbereich hat nun an Attraktivität dazugewonnen. Überhaupt liegt der Charme des Freibades an der Überschaubarkeit und der idyllischen Lage. Familien sind deshalb auch die Hauptzielgruppe. Action gibt es dann einmal im Jahr bei der Karibischen Nacht. 300 Besucher verbuchten die Bädlesmacher bei ihrer Auftaktveranstaltung im Jahr 2011. Inzwischen strömen gut 1.000 Gäste zu diesem Event.

Klein und fein und mit amtlicher »Garantiebadezeit«! Abtauchen auch bei schlechtem Wetter ist dienstags und donnerstags von 16 bis 20 Uhr gewährleistet.

SCHÖNBUCHMUSEUM /// RINGSTRASSE 3 /// 72135 DETTENHAUSEN ///
0 71 57 / 1 26 32 /// WWW.DETTENHAUSEN.DE ///

VON STEINEN UND WILDERERN

Schönbuchmuseum in Dettenhausen

30

Das sieht nach Plackerei aus: Eine Art Kran, ein dickes Drahtseil und ein schwerer Stein auf einer kleinen Lore sind vor dem ehemaligen Pfarrscheuer aufgebaut. Schon bevor man das Schönbuchmuseum in Dettenhausen betritt, wird dem Besucher ein Teil der Dorfgeschichte vor Augen geführt: Hier wurden Steine gebrochen, Stubensandstein. Erst mühsam von Hand, später dann mit Sprengstoff oder auch Presslufthämmern. Die Galerie der Werkzeuge im Museum zeigt die Entwicklung der Technisierung.

Doch es gibt noch weitere Schwerpunkte: die Jagd und der Wald. »Waldenbuch selbst ist ein artiger, zwischen Hügeln gelegener Ort mit Wiesen, Feld, Weinbergen und Wald«, notierte Johann Wolfgang von Goethe, als er hier 1797 auf dem Schweizer Sträßle durchfuhr. Doch vom Wald war wenig zu sehen. »Einzelne Eichbäume stehen hie und da auf der Trift«, fügte der reisende Geheimrat hinzu. Weniger die Holzwirtschaft war für den Mangel an Bäumen im Schönbuch verantwortlich als vielmehr die Waldweide: Bauern trieben ihr Vieh in den Wald, das Eicheln und Bucheckern fraß, außerdem sammelten die Viehhalter dort auch die Streu. Durch die intensive Nutzung des Waldes schrumpfte der Baumbestand im 18. Jahrhundert auf rund ein Drittel, bevor der Waldweide ein Ende gesetzt und die Forstverwaltung modernisiert wurde.

Nicht zuletzt ist es die Jagd, die im Museum thematisiert wird – vor allem die verbotene. Denn im Schönbuch trieben immer auch Wilderer ihr Unwesen, oft aus der Not heraus, aus Hunger oder um die kargen Äcker vor dem Wild zu schützen. Oft genug wurden die Bauern von der Obrigkeit zwar zu Frondiensten in den Wald abgezogen, mussten aber hilflos mit ansehen, wie das Wild ihre Äcker verwüstete. Denn dem Wild nachzustellen, das war die Sache des Adels, der sich bei höfischen Festjagden das Wild zu Hunderten vor die Flinten treiben ließ.

✍ Das alte Jagdschloss in Waldenbuch beherbergt das Museum der Alltagskultur, das unsere Weltbilder, unsere Wohn- und Warenwelt einst und jetzt darstellt.

SANDSTEINBRUCH /// UNWEIT DES GRILLPLATZES AN DER
NEUEN WALDDORFER STEIGE /// 71111 WALDENBUCH ///

GEOLOGISCHER LEHRPFAD KIRNBERG ///
WANDERPARKPLATZ KIRNBACH /// 72072 BEBENHAUSEN ///
WWW.NATURPARK-SCHOENBUCH.DE ///

NACHSCHUB FÜR DAS ULMER MÜNSTER

Sandsteinbruch am Betzenberg in Waldenbuch

31

Nichts ist für die Ewigkeit – auch nicht das Ulmer Münster. Die Bausteine am höchsten Kirchturm der Welt sind marode geworden. Nicht nur saurer Regen, Moos und Vogelkot nagten an der Turmwand. Als der Turm gebaut wurde, verwendeten die Baumeister unterschiedliches Material – verschiedene Sandsteinarten, verschiedene Kalksteine. Ein Fehler, denn zwischen einzelnen der verwendeten Steinarten stimmt die Chemie nicht: Manch ein Baustein begann zu bröseln. Neue Steine mussten für die Sanierung her – im Schönbuch wurde man fündig. Ob Schlaitdorfer, Waldenbucher oder Schönbuch-Sandstein: Es ist alles dasselbe Material und wurde auch schon zum Bau des Ulmer Münsters verwendet. Der Kölner Dom steht ebenfalls dank Schönbuch-Sandstein – zumindest teilweise – fest gemauert auf der Erde.

Mit dem Steinbruch im Neubrunnwasen am Betzenberg lebte eine alte Tradition im Schönbuch auf. Schon 1383 wurde in Dettenhausen eine Steingrube erwähnt. So wurde über Jahrhunderte hinweg an vielen Orten des Schönbuchs vor allem Stubensandstein für Bausteine, Mühlräder, Schleifsteine oder auch Fegesand gebrochen. Sogar Künstler bearbeiteten den harten Stein für ihre Skulpturen.

»Das Besondere an dem Stein aus Waldenbuch ist einerseits seine besondere Festigkeit«, sagt Yannick Tichlers vom Stuttgarter Naturstein-Unternehmen Lauster, das den Steinbruch betreibt. Der hohe Quarzanteil macht den Stein besonders widerstandsfähig gegen Umwelteinflüsse. Außerdem ist die Sandsteinbank am Betzenberg kaum zerklüftet. Deshalb können hier große Blöcke, teilweise sogar nach Wunschmaß, gebrochen werden. Die Ressourcen in diesem Steinbruch reichen, schätzt Yannick Tichlers, noch 20 Jahre. Viel mehr, als für das Ulmer Münster benötigt werden. Doch es gibt noch viele andere Kandidaten, bei denen der Sandstein bröselt. Denn: Nichts ist für die Ewigkeit.

✆ Mehr über den steinreichen Schönbuch gibt es auf dem geologischen Lehrpfad zu erfahren, der am Parkplatz Kirnbachtal bei Bebenhausen beginnt.

BRAUNACKER /// AM DETTENHÄUSER STRÄSSLE
AUF DEM BETZENBERG /// 71111 WALDENBUCH ///
WWW.SCHOENBUCH.SEEHAGEL.DE ///

DIE RIESEN AUS DER SAAT DES KÖNIGS

Mammutbaum in Waldenbuch

32

»Wenn man über den Betzenberg fliegt und ihn sieht, weiß man, dass man wieder zu Hause ist«, sagt Stefanie Knorpp, die Leiterin des Forstreviers in Waldenbuch. Ihn, das ist der Mammutbaum beim Braunacker, der seinen Wipfel über das Kronendach der anderen Bäume hinausstreckt. Mit einer Höhe von rund 40 Metern ist er zwar nicht der höchste Vertreter seiner Art, der im Schönbuch Wurzeln geschlagen hat, aber einer der mächtigsten: Bei einem Stammdurchmesser von 1,90 Metern misst sein Umfang ungefähr sechs Meter. »Das gibt es im Schönbuch normalerweise nicht«, sagt Stefanie Knorpp.

Das Alter des Baumriesen: über 150 Jahre. »Das ist ein Baum aus der Königssaat«, sagt die Försterin. 1864 hatte König Wilhelm I. von Württemberg in den USA Mammutbaum-Samen bestellen lassen. Durch ein Missverständnis kam ein ganzes Pfund an Samen – rund 100.000 Körner – zurück. Im Kalthaus der Wilhelma wurden aus den Samen Setzlinge gezogen, die 1865 im ganzen Königreich verteilt wurden. Von den 3.000 bis 4.000 Bäumen, die damals gepflanzt wurden, haben bis heute im Land ungefähr 180 Exemplare überlebt. Der kalte Winter 1879/1880 hatte den Beständen ebenso zugesetzt wie Blitzschlag und spätere Fröste.

Dazu wurden mit der Zeit weitere Mammutbäume gepflanzt. Denn auf natürliche Weise haben sie sich hierzulande nicht vermehrt. Dazu braucht es Feuer, das dem Samen den Boden bereitet. »Und das ist ja wohl das Letzte, was wir im Wald haben wollen«, sagt die Waldenbucher Revierleiterin. So oder so: Württemberg hat vermutlich die größte Dichte an alten Mammutbäumen außerhalb Kaliforniens, der Heimat der Riesen-Sequoien.

Auch Stefanie Knorpp hat noch weitere Exemplare dieser imposanten Bäume in ihrer Obhut: Gleich drei von ihnen stehen nicht weit entfernt am Weißen Häusle. Und diese sind mit 41 Metern Höhe sogar noch etwas größer als ihr Artgenosse.

🖋 Weitere Riesen-Sequoien, auch Wellingtonien genannt, hat die Internetseite www.schoenbuch.seehagel.de – neben vielen weiteren Tipps – aufgelistet.

KRONE WALDENBUCH /// NÜRTINGER STRASSE 14 ///
71111 WALDENBUCH /// 0 71 57 / 40 88 49 ///
WWW.KRONE-WALDENBUCH.DE ///

DER JÜNGSTE STERNEKOCH DER REPUBLIK
Gasthof Krone in Waldenbuch

33

Als die Testesser des Guide Michelin im Herbst 2016 ihren Haken unter dem Prüfbericht machten, waren zwei Dinge klar: Das Restaurant Krone in Waldenbuch behält auch nach dem Weggang von Chefkoch Patrick Giboin seinen Stern, mit dem es seit 2014 am bundesdeutschen Restauranthimmel steht. Und: Erik Metzger ist mit 23 Jahren der jüngste Sternekoch Deutschlands. »Ich war schon immer von ihm überzeugt. Aber es war sehr spannend, ob solch ein junger Koch auch die Prüfer überzeugen kann«, sagt Matthias Gugeler, Gastgeber und Geschäftsführer des Waldenbucher Traditionshauses.

Kochen ist Erik Metzger in die Wiege gelegt. Diese stand im Gasthof Sonne in Dilsberg bei Neckarsteinach, wo der kleine Erik schon früh in der Küche seinem Vater Klaus zur Hand ging, um Salate oder die Teller anzurichten. »Ich habe sehr bald bemerkt, dass etwas in ihm steckt«, sagt Klaus Metzger nicht ohne Stolz. So war dem Sprössling auch bald klar, dass seine Zukunft in einer Restaurantküche liegen wird. Eine der wichtigen Stationen seiner Lehr- und Wanderzeit: das Landhaus Feckl in Ehningen im Kreis Böblingen. Dessen Patron Franz Feckl erkocht sich seit 29 Jahren ununterbrochen seinen Michelin-Stern. »Dort habe ich sehr viel gelernt, was Professionalität angeht und wie man Produkte möglichst komplett verarbeitet«, sagt Erik Metzger.

Für den jungen Koch, der seine Küche – zwischen Lauwarmer Geflügelgalantine mit Dörrobst-Mango-Chutney, Loup de mer an Krustentierschaum und Geschmorter Kalbsbacke an Pancetta-Linsen – als »klassisch Französisch mit modernen Akzenten« beschreibt, ist der Stern eine wichtige und schöne Anerkennung seiner Arbeit. Erik Metzger: »Natürlich kocht man in erster Linie für die Gäste.« Doch die Auszeichnung des wohl wichtigsten Gastro-Führers ist für ihn sowohl Bestätigung als auch Ansporn für den Alltag.

✍ Abseits vom Guide Michelin bieten die Schönbuch-Köche in ihren Restaurants Spezialitäten aus regionalen Produkten. www.schoenbuch-heckengaeu.de

IMMER DER NASE NACH –
DIE SPUR DER SCHOKOLADE

Ritter Sport in Waldenbuch

34

Es ist zweifellos eine der süßesten Ecken des Schönbuchs: Dort, wo die Aich Waldenbuch erreicht, produziert die Schokoladenfabrik Ritter ihre Weltmarke Ritter Sport. Firma und Firmenlogo fallen dem Vorbeikommenden gleich ins Auge – und manchmal ist auch die Nase mit im Spiel: Wenn ein Tiefdruckgebiet über dem Tal liegt und schlechtes Wetter ankündigt, legt sich ein zarter Schokoladenduft über die Stadt. »Schokoladen-Barometer« nennen dies die Werbestrategen von Ritter. So wird einem wenigstens das Regenwetter versüßt.

Doch ganz unabhängig vom Wetter gibt es bei den Waldenbucher Chocolatiers einiges zu sehen und auch zu riechen. Die Schokoladenausstellung im Besucherzentrum, das im selben Gebäude wie das Museum Ritter untergebracht ist, präsentiert einerseits die Firmengeschichte und klärt dabei über den Ursprung der quadratischen Schokoladentafel auf, andererseits wird der Weg der Schokolade von der Kakaobohne bis zum fertigen Produkt mit bunter Verpackung nachgezeichnet. An verschiedenen Duftstationen können die Besucher einzelne Zutaten erschnuppern.

Im Erdgeschoss wartet eine der am meisten frequentierten Abteilungen des Hauses auf die Kundschaft: der Fabrikverkauf. Da kann man als Schokoladenliebhaber viereckige Augen bekommen: Pfundweise abgepackt gibt es hier die beliebte Wundertüte der sogenannten Bruchschokolade oder auch alle Sorten einzeln. Von Zeit zu Zeit sogar die Sondereditionen wie beispielsweise das Einhorn, das im Herbst 2016 unter den Fans Furore machte und im Nu ausverkauft war. Im grauen Markt des Internets wurden die Tafeln bis zu einem Preis von 80 Euro gehandelt. Ein besonderer Renner war auch die Edition *Äffle-und-Pferdle-Schokolade*, den legendären Figuren des Süddeutschen Rundfunks und deren bevorzugten Leibgerichten gewidmet: Hafer und Banane – in Schokolade verpackt.

☍ Wer sind wir? Wie leben wir? Einen anderen Blick auf unseren Alltag wirft das Museum der Alltagskultur im Waldenbucher Schloss – ein Besuch lohnt sich.

DIE WELT IST EIN QUADRAT
Museum Ritter in Waldenbuch

35

Bogen um Bogen mäandert sich die Aich durch den Talgrund zwischen Neuweiler und Waldenbuch, der von den sanften Kuppen des Schönbuchs flankiert wird. Doch das Weiche, Sanfte endet erst einmal am Ortseingang von Waldenbuch. Hier gilt: Die Welt ist ein Quadrat. Der Talabschluss, das ist das Museum Ritter, das sich mit seinem hellen Sandstein wie ein Kubus aus der Wiese am Bachlauf der Aich erhebt. Selbst der Steingarten auf der Freifläche ist quadratisch. Gleich nebenan narrt eine Plastik, die sich im Wind dreht, die Sinne des Betrachters: mal rund, mal eckig – die Quadratur des Kreises in Szene gesetzt.

Schon seit Langem gilt Marli Hoppe-Ritters Sammlerinteresse abstrakter, auf geometrische Figuren und Motive reduzierter Kunst des 20. und 21. Jahrhunderts. Das Quadrat, sowohl als geometrische als auch ästhetische Idealform, steht dabei im Mittelpunkt.

Ihrer Sammlung – und auch dem neuen Kundenzentrum des Schokoladenherstellers Ritter Sport – hat die Kunstsammlerin mit dem Museum 2005 einen Raum gegeben. Das Haus hat die Form eines Quaders und wird von einer Mittelachse als zentralem Zugang für die Besucher durchbrochen. Über dieser Achse spannen sich Bänder aus bunten Oberlichtern, die je nach Sonnenstand ihre Farben als Flecken bis hinaus auf die Wiese projizieren.

Ungefähr alle sechs Monate wechseln die Ausstellungen in den vier Galerieräumen, bei denen sowohl Werke aus der Sammlung von Marli Hoppe-Ritter als auch Leihgaben zu sehen sind. Zum besseren oder auch zum vertieften Verständnis erhalten die Besucher einen Audioguide, der auf Wunsch durch die Ausstellung führt. Nach dem Kunstgenuss der Seele kann im angeschlossenen Café auch der Leib zu seinem Recht kommen. Bei schönem Wetter locken hier die Bänke und Tische auf der Wiese, hin zum grünen und sanften Tal der Aich.

BREZELMARKT GBR /// FRIEDHOFSTRASSE 47 ///
72657 ALTENRIET /// WWW.BREZELMARKT.DE ///

AUFGEBREZELT

Brezelmarkt in Altenriet

36

Nur rund 2.000 Einwohner zählt die Gemeinde Altenriet. Zum Landkreis Esslingen gehörend wird dieser – mit freier Sicht auf die Schwäbische Alb – landschaftlich reizvolle Flecken naturräumlich noch zum Schönbuch gezählt. Immer am Wochenende des Palmsonntags »brezeln« sich die Altenrieter auf.

»Es ist wieder so weit, es ist Brezelmarktzeit«, lautet dann das Motto eines dreitägigen Vergnügens für Alt und Jung. Zum Altenrieter Brezelmarkt pilgern jedes Jahr zahlreiche Besucher aus dem Umland, und 2014 stattete sogar Ministerpräsident Winfried Kretschmann dem traditionellen Dorffest einen Besuch ab. Eingeläutet wird das Event mit dem Seniorennachmittag und einem Fassanstich am Freitag. Weiter geht's mit dem Kinderprogramm am Samstagnachmittag, und am Abend spielt im Festzelt die Musik auf.

Höhepunkt des Spektakels ist ganz sicher der Sonntag, wenn neben Krämermarkt und Hobbykünstlern der Festumzug auf dem Plan steht. Über 40 Gruppen präsentieren sich mit verschiedenen Themenwagen auf dem Zug durch die Gemeinde. Wie und wann genau dieses Traditionsfest, das 2018 nach Schätzungen in die 50. Auflage geht, entstanden ist, darüber gibt es wenig Informationen. Der Legende nach soll in Altenriet das geschlungene Laugengebäck erfunden worden sein. Demnach habe hier einst ein Bäcker gelebt, dessen Backwaren den Burgherren von Neuenriet wohl mundeten. Allerdings sei dieser Bäcker ein Gauner gewesen und habe sein Mehl mit gemahlenem Kalk gestreckt, woraufhin er ins Gefängnis geworfen wurde. Die Burgherren wollten schließlich Gnade walten lassen und forderten den Bäcker auf, er möge einen Kuchen backen, durch den die Sonne dreimal durchscheine. Und nach vielen Versuchen habe dieser dann den Teig so geschlungen, dass ein neues Gebäck entstand, welches diese Bedingung erfüllte: die Brezel!

🖉 Auf Spurensuche: Etwa einen Kilometer nordöstlich von Altenriet befinden sich noch ein paar Mauerreste der im 12. Jahrhundert erbauten Burg Neuenriet.

Landgasthaus

LANDGASTHAUS ZUR LINDE /// SCHÖNBUCHSTRASSE 8 ///
72124 PLIEZHAUSEN-DÖRNACH /// 0 71 27 / 89 00 66 ///
WWW.LINDE-DOERNACH.DE ///

STERNEGENUSS

Landgasthaus Zur Linde in Pliezhausen-Dörnach

37

Das Iberico-Schweinefilet im Speckmantel gibt sich mit den Albbalsamlinsen und den hausgemachten Kräuternocken ein geschmacklich fantastisches Stelldichein, und schon die Vorspeise, das Dreierlei vom Thunfisch mit Wasabi, lässt erkennen, dass hier Feinschmeckerherzen ganz sicher höher schlagen werden. Wer durch das rund 700-Einwohner-Dörfchen Dörnach fährt, vermutet wohl kaum, dass sich hinter der schmucken, aber dennoch schnörkellosen Fassade in der Schönbuchstraße 8 eine Spitzengastronomie befindet. Der kleine Ort, der zur Gemeinde Pliezhausen zählt, hat zweifelsohne noch seinen ganz besonderen, idyllisch ländlichen Charme bewahrt.

Die Küche, und damit das Herz des Landgasthauses Zur Linde, ist mit einem Stern dekoriert. »Eine niveauvolle, angenehm schnörkellose klassische Küche«, so bescheinigen die Tester des Guide Michelin Andreas Goldbachs Kunst am Herd. Im Jahr 2003 haben er und seine Frau Irene das verlassene Kleinod entdeckt und mit viel Arbeit und nicht weniger Herzblut das historische Gebäude, einst Bäckerei, Gaststätte und Kolonialwarenladen, liebevoll wieder zum Leben erweckt. Der aus München stammende Andreas Goldbach stellte schon viele Jahre seine Kochkünste in der Sternegastronomie wie der *Speisemeisterei* oder der *Zirbelstube* in Stuttgart unter Beweis und am neuen Dörnacher Wirkungsort war ihm denn auch schnell eine Auszeichnung des Michelin-Guides sicher. Komplettiert wird die herausragende Küche vom exzellenten Weinwissen von Sommelière Irene Goldbach. Die Chefin des Hauses wurde 2000 zur Sommelière des Jahres gekürt. Keine Frage: Das Pfund der Linde ist ihre ausgezeichnete authentische Küche und die ungezwungene herzliche Atmosphäre. Im Sommer ist ein lauschiger Terrassenplatz unbedingt zu empfehlen. Versuchen sollte man auch die selbst gemachten Marmeladen der Saison oder das hausgebackene Roggenbrot.

🖉 Machen Sie einen Abstecher nach Pliezhausen und ersteigen Sie den Zwei-Eichen-Turm! Der herrliche Rundblick über das Neckartal ist ein Augenschmaus!

**BAGGERSEE EPPLE /// PLIEZHÄUSER STRASSE ///
72138 KIRCHENTELLINSFURT /// WWW.KIRCHENTELLINSFURT.DE ///**

**GEMEINDE KIRCHENTELLINSFURT /// 72138 KIRCHENTELLINSFURT ///
0 71 21 / 9 00 50 /// WWW.KIRCHENTELLINSFURT.DE ///**

ABTAUCHEN

Baggersee Epple in Kirchentellinsfurt

38

1,2 Kilometer lang und bis zu 250 Meter breit: Der Baggersee in Kirchentellinsfurt, direkt an der B 27 gelegen und idyllisch eingebettet zwischen Neckartal und Schönbuch, ist einzigartig und ohne Frage ein absoluter Anziehungspunkt in der Region. Zigtausende Besucher aus dem Raum Stuttgart, Tübingen oder Reutlingen steuern Jahr für Jahr den Parkplatz des Nassreviers an. Baden, Angeln, Segeln oder auch Surfen: All das bietet der Baggersee Epple.

In den vergangenen Jahren geriet das Gewässer zwar immer wieder in die Schlagzeilen – etwa von zu vielen Nacktbadern war da die Rede –, doch das hat der Beliebtheit des Baggersees keinen Abbruch getan. »Abtauchen« lautet wohl die Devise der vielen Wasserfans, die in jedem Sommer hier stranden. Der künstlich angelegte See entstand durch den Kiestagebau der Firma Epple in den Jahren 1929 bis 1984. Solche Baggerseen aus ehemaligen Lehmgruben oder auch Tonstichen werden auch Ziegelteiche genannt. So gut wie immer werden sie heute auch zur Angelfischerei genutzt. Beim Baggersee Epple geschieht das durch die Anglervereine Kirchentellinsfurt, Tübingen und Reutlingen.

Die Beliebtheit des Sees ist ungebrochen, und so gab es im Jahr 2016 einigen Planungs- und viel Diskussionsbedarf in den kommunalpolitischen Gremien der Gemeinde Kirchentellinsfurt, um das Angebot für Badegäste zu erweitern. Verschiedene Modelle sind angedacht und sollen nun in den nächsten Jahren realisiert werden. Eine Umwandlung in ein Naturschutzgebiet etwa, eine Wakeboardanlage am Nordufer, Einstiegshilfen für Schwimmer und ein Kiosk stehen unter anderem auf den Planungspapieren.

Das Freiwasser wird während der Badesaison regelmäßig vom Gesundheitsamt des Landkreises Tübingen überprüft und das aktuelle Untersuchungsergebnis schließlich am See ausgehängt. So wurde dem Baggersee eine »Ausgezeichnete Badegewässerqualität« bescheinigt.

✍ Machen Sie einen Abstecher zum Römischen Grabmal! Die moderne Museumsplattform mit Infotafel gibt Auskunft über dieses sehr seltene Pfeilergrabmal.

JUGENDHAUS SCHLOSS EINSIEDEL /// HOFGUT EINSIEDEL ///
72138 KIRCHENTELLINSFURT /// 0 71 21 / 60 06 54 ///
WWW.SCHLOSS-EINSIEDEL.DE ///

WO GRAF EBERHARDS WEISSDORN WURZELT

Hofgut Einsiedel in Kirchentellinsfurt

39

Nicht nur Graf Eberhard im Bart hatte eine Schwäche für den Einsiedel. Lange bevor er hier ein Gestüt zur Pferdezucht einrichten ließ, war die Hochfläche zwischen Schönbuch und Neckartal zumindest zum Teil schon gerodet und wurde landwirtschaftlich genutzt. Davon zeugt zum einen der Fund eines römischen Gutshofes, zum anderen wurde der Einsiedel auch im 13. Jahrhundert schon urkundlich erwähnt. Das Jagdschloss, das der Württemberger 1482 neben dem Gestüt bauen ließ, wurde zehn Jahre später Bestandteil des Klosters St. Peter. Dieses hatte Eberhard mit seiner Frau Barbara Gonzaga von Mantua den Brüdern vom gemeinsamen Leben gestiftet – einer Gemeinschaft aus Vertretern von Klerus und Adel bis hin zum gemeinen Volk. In der blauen Kutte der frommen Brüder wurde Eberhard im Petersstift zunächst zu Grabe getragen, bevor er später in die Tübinger Stiftskirche umgebettet wurde.

Heute ist von Stift und Schloss nicht mehr viel übrig. Lediglich Reste eines Wohnturms haben die Zeiten überdauert. Das Gebäude, in dem das Jugendhaus Schloss Einsiedel der Katholischen Dekanate Reutlingen und Rottenburg untergebracht ist, stammt aus späterer Zeit. Lediglich die Nachfahren des Weißdorns, den Graf Eberhard von seiner Pilgerfahrt nach Jerusalem mitgebracht hatte, wurzeln noch heute auf dem Einsiedel.

Eberhard war nicht der einzige Württemberger, der sich auf dem Einsiedel eine angemessene Bleibe schaffen wollte. Ein Lustschloss nach bester Rokokomanier wollte sich Herzog Carl Eugen – unter anderem Hausherr der Schlösser Solitude, Hohenheim oder auch Monrepos – errichten lassen. Ob das Schloss jemals fertig gebaut wurde, ist fraglich. Die Reste wurden abgerissen. Heute noch sichtbar jedoch sind einige der Alleen, die auf das Schloss strahlenförmig zulaufen sollten.

ℰ   Im Jugendhaus Schloss Einsiedel werden auch Wanderer bewirtet. Die Wanderraststätte hat von Mai bis Oktober an Sonntagen von 10.30 bis 18 Uhr geöffnet.

DER GESCHICHTLICHE LEHRPFAD BEGINNT BEIM JUGENDHAUS
SCHLOSS EINSIEDEL UND IST RUND 4,5 KILOMETER LANG.

GESCHICHTLICHER LEHRPFAD EINSIEDEL ///
72138 KIRCHENTELLINSFURT /// WWW.NATURPARK-SCHOENBUCH.DE ///

HEIMATMUSEUM HOLZGERLINGEN /// FRIEDHOFSTRASSE 6 ///
71088 HOLZGERLINGEN /// 0 70 31 / 60 21 07 ///
WWW.HEIMATMUSEUM-HOLZGERLINGEN.DE ///

IM ZEICHEN DER GEKREUZTEN SCHLÜSSEL

Geschichtlicher Lehrpfad Einsiedel in Kirchentellinsfurt

40

Immer den gekreuzten Schlüsseln folgen, dem einstigen Zeichen der frommen Brüder des Petersstifts. So erschließt sich dem Spaziergänger auf dem Geschichtlichen Lehrpfad Einsiedel ein großer Teil der Historie des Schönbuchs – von der Besiedlung bis zur Bewirtschaftung des Waldes.

Seinen Anfang nimmt der knapp viereinhalb Kilometer lange Rundweg am Jugendhaus Schloss Einsiedel, wo Graf Eberhards Jagdschloss und das Kloster thematisiert werden. Die Entwicklung vom Urwald zum vielfach genutzten Forst und wer was im Schönbuch zu suchen hatte, dies beleuchten weitere Stationen des Pfads, nicht ohne einen kleinen, kritischen Blick auf die feudalen Jagdgepflogenheiten der jeweiligen Landesherren im 18. und frühen 19. Jahrhundert zu werfen.

Schon in vor- und frühgeschichtlicher Zeit wurde der Wald besiedelt. Die Kelten hinterließen nicht nur Viereckschanzen und annähernd 300 Grabhügel, deren Reste heute noch im Wald nachzuweisen sind. In der Ausstellung *Legendäre MeisterWerke* des Landesmuseums in Stuttgart ist ein besonderes Zeugnis keltischer Kunst aus dem Schönbuch zu sehen: die Stele eines doppelgesichtigen Menschen oder göttlichen Wesens aus Holzgerlingen.

Landwirtschaft auf dem Einsiedel zu betreiben, diese Idee hatten auch schon die Römer. Sie waren um 90 nach Christus ins Land am Neckar gekommen und hinterließen auch im Schönbuch Reste von Gutshöfen, Siedlungen oder auch Töpfereien. Der geschichtliche Lehrpfad erzählt neben der Siedlungsgeschichte auch von der Götterwelt der Römer. Bruchstücke, Plastiken und Reliefs von Säulen und Gottheiten sind rund um den Schönbuch zuhauf gefunden worden. Der Gutsherr auf dem Einsiedel scheint es jedoch am Ende eilig gehabt zu haben, wieder hier wegzukommen: Seinen Silberschatz mit über 800 Münzen, den er vergraben hatte, hat er nie wieder abgeholt.

🗝 Eine Kopie der keltischen Stele ist im Holzgerlinger Heimatmuseum zu sehen. Das Museum ist jeden ersten Sonntag im Monat von 14 bis 17 Uhr geöffnet.

DIESE KNORRIGE ALTE EICHE STEHT IM EISENBACHHAIN,
DER VOM GLEICHNAMIGEN WANDERPARKPLATZ ZWISCHEN
DER KÄLBERSTELLE UND WALDDORF ZU ERREICHEN IST.

WANDERPARKPLATZ ZEITUNGSEICHE /// AN DER KREISSTRASSE
K6912 ZWISCHEN PFRONDORF UND DER BUNDESSTRASSE B464 ///
WWW.NATURPARK-SCHOENBUCH.DE ///

WANDERPARKPLATZ EISENBACHHAIN /// AN DER B464 ZWISCHEN DER
KÄLBERSTELLE UND WALDDORF /// WWW.NATURPARK-SCHÖNBUCH.DE ///

NATURPARK STATT GROSSFLUGHAFEN

Zeitungseiche und ehem. Waldklause Henne in Pfrondorf (41)

»Einen rührenden Beweis von der ländlichen Sitteneinfalt, und in der Achtung, worin der redlich Klosterhofmeister bei dem benachbarten Landvolke stand, gab eine uralte, an der Stuttgarter Chaussee stehende, nun weggehauene Eiche, die Zeitungseiche genannt, in deren Stamm von hinten ein Fach eingehauen war. In dieses Fach legte der von Stuttgart nach Tübingen fahrende Bote regelmäßig die für den Einsiedel bestimmten Briefe und Effekten, auch Geldpakete, und mein Vater versicherte mich, die Anwohner, welchen dieses bekannt gewesen, hätten den Großvater so herzlich geliebt, daß in langen Jahren nicht das Mindeste (…) daraus entwendet worden sei.« – Manche Namen klingen lange nach. Denn der Text, in dem die Zeitungseiche erwähnt wird, stammt von dem in Tübingen geborenen Pfarrer Albert Knapp, der im Jahr 1864 gestorben ist.

Heute ist der Wanderparkplatz Zeitungseiche ein beliebter Ausgangspunkt für Wanderungen in den Naturpark oder einen Spaziergang hinüber zum Einsiedel. Ganz in der Nähe konnten die durstigen Ausflügler in der ehemaligen Waldklause Henne einkehren. Die Wirtschaft hatte auch den Spitznamen »Flughafen-Restaurant«.

Denn 1969 wäre es beinahe vorbei gewesen mit der Waldeslust im Schönbuch. Die Landesregierung hatte den Wald zwischen der Kälberstelle und Walddorf für den Bau des Großflughafens Stuttgart II auserkoren. 1.200 Hektar Wald wären dem Projekt zum Opfer gefallen. Doch das Volk begehrte auf: Der Tübinger Landrat Oskar Klumpp rief einen Schönbuchtag aus und Tausende von Bürgern und Naturschützern jeglicher Couleur kämpften gegen die Flughafenpläne. Im Wahljahr 1972 machte die Landesregierung eine Kehrtwende. Statt eines Flughafens wurde der Schönbuch zum ersten Naturpark des Landes erklärt. An Oskar Klumpp erinnert heute eine Eiche bei der Teufelsbrücke im Goldersbachtal.

🖉 Vom Wanderparkplatz Zeitungseiche ist es zum Waldrand Richtung Einsiedel nicht weit. Dort bietet sich ein prächtiges Panorama zur Reutlinger und zur Zollern-Alb.

ZUM GEDENKEN AN
WÜRTTEMBERGS GELIEBTEN KÖNIG
WILHELM II.
STUTTGART 25·2·1848 – 2·10·1921 BEBENHAUSEN
UND KÖNIGIN CHARLOTTE
RATIBORITZ 10·10·1864 – 16·7·1946 BEBENHAUSEN

HEIMAT DER LETZTEN KÖNIGIN

Kloster Bebenhausen

42

Wer nach Bebenhausen kommt, hat die mittelalterliche Klosteranlage, die nahezu vollständig erhalten ist, fest im Blick. Sie ist quasi der Mittelpunkt des erstmals 1187 urkundlich erwähnten Dorfes nahe Tübingen und doch mitten im Schönbuch gelegen. Pfalzgraf Rudolf I. von Tübingen hatte das Kloster nur wenige Jahre zuvor gestiftet. Der Zisterzienserorden übernahm dann das heilige Gemäuer. Nach der Einführung der Reformation zunächst Klosterschule, später nochmals Domizil der Mönche, wurde dann im 18. und 19. Jahrhundert das Kloster beliebte Jagdresidenz der Könige von Württemberg. Und die letzte Wohnstätte der Königin von Württemberg sowie von Deutschland.

Charlotte von Württemberg (1864–1946) war die zweite Frau von König Wilhelm II. von Württemberg. Am 1. Dezember 1921 übersiedelte sie, nach dem Tod Wilhelms, vom Schloss Friedrichshafen nach Bebenhausen. Das Kloster mitten im Schönbuch wurde zum Witwensitz und die ländliche Idylle für die letzte Königin Deutschlands gut 25 Jahre lang zur Heimat. Sie sei außerordentlich beliebt und verehrt gewesen, wohl weil sie das einfache Leben auf dem Lande schätzte. Auf Etikette oder Hofzeremoniell habe Charlotte in Bebenhausen keinen Wert gelegt. Während des Zweiten Weltkrieges sei sie mit der Bevölkerung im Luftschutzkeller zusammengerückt und habe sich da ganz besonders auch um die Kinder gekümmert. Es sei sogar, an Regentagen, der Kreuzgang des Klosters geöffnet worden, damit die Kinder des Ortes im Trockenen spielen konnten. 1944 erlitt Charlotte einen Schlaganfall und musste aus ihren Wohnräumen im 1. Stock in das Erdgeschoss des sogenannten *Kapff'schen Baus* ziehen. Am 16. Juli 1946 starb Charlotte. Seit 1986 sind die ehemals königlichen Wohnräume mit ihrer Originalausstattung für Besucher geöffnet.

ℰ Weidmannsheil! Lassen Sie beim Klosterrundgang Ihren Blick auch unbedingt über die zahlreichen beeindruckenden Jagdtrophäen schweifen.

**UNIVERSITÄTSSTADT TÜBINGEN, VERWALTUNGSSTELLE BEBENHAUSEN ///
SCHÖNBUCHSTRASSE 2 /// 72074 TÜBINGEN /// 0 70 71 / 6 24 34 ///
WWW.TUEBINGEN.DE/BEBENHAUSEN ///**

KEIN SCHATTENDASEIN
Tübingen-Bebenhausen

43

Als »kleiner Bub« kannte er Königin Charlotte noch. Er weiß, dass sie im Kloster »an Regentagen nachmittags die Türen zum Kreuzgang geöffnet hat, damit die Kinder dort spielen konnten«. Hans Haug, Jahrgang 1941, ist Nachfahre einer Bebenhausener Klosterküferfamilie, die zurückreicht bis ins 17. Jahrhundert. Sein Vater war noch Angestellter der Königin und nach dem Zweiten Weltkrieg Schlossverwalter.

Die Ortsgeschichte Bebenhausens lag Haug so am Herzen, dass er seine Kenntnisse auch zu Papier brachte. Sehr umfangreich seien die Recherchen für sein Buch *Im Schatten des Klosters* gewesen. Detailliert und liebevoll hat Hans Haug darin die Ortschronik zusammengetragen. Auf Anordnung von König Wilhelm I. wurde das Klosterdorf anno 1823 in die kommunale Selbstständigkeit entlassen. Mit Blick auf die lange und große Geschichte des Klosters sei das nun gegründete Dorf Bebenhausen nahezu unerwähnt geblieben: In vielen Veröffentlichungen sei Bebenhausen gar nicht vorgekommen, weiß Hans Haug. In den Fokus rückte der Ort zur 800-Jahr-Feier des Klosters im Jahr 1987. Unter Federführung der damaligen Ortsvorsteherin Barbara Scholkmann wurde auch eine viel beachtete Ausstellung über die Geschichte des Dorfes gezeigt.

14 Gebäude und 130 Einwohner hatte Bebenhausen im Jahr 1823. Über 300 Einwohner zählt man heute im seit 1974 eingemeindeten und kleinsten Ortsteil von Tübingen. Das reizvolle Ortsbild – Bebenhausen wird auch als die »Perle des Schönbuchs« bezeichnet – zog auch immer wieder viele Künstler und berühmte Persönlichkeiten an. So verbrachte Bundeskanzler Kurt Georg Kiesinger einige Jahre lang seine Wochenenden in Bebenhausen. Vielleicht weil ihm der Flecken genauso zusagte wie schon Dichter Eduard Mörike ein Jahrhundert zuvor, der über Bebenhausen schrieb: »Es ist halt einzig hier.«

   Machen Sie einen Spaziergang auf dem Weg *Am Ziegelberg*. Der ansteigende Fußmarsch wird belohnt mit einem sagenhaften Blick auf Kloster und Dorf.

NATURPARK-GESCHÄFTSFÜHRER MATHIAS ALLGÄUER ///

NATURPARK-INFORMATIONSZENTRUM /// IM SCHLOSS ///
72074 TÜBINGEN-BEBENHAUSEN /// 0 70 71 / 60 22 62 ///
WWW.NATURPARK-SCHOENBUCH.DE ///

WO DIE ALTEN MÖNCHE SCHRIEBEN

Naturpark Informationszentrum in Tübingen-Bebenhausen

44

Auf den ersten Blick scheint die Zeit hier stehen geblieben zu sein. In Bebenhausen, im Herzen des Schönbuchs, haben Zisterziensermönche im Mittelalter eine Klosteranlage geschaffen, die zu den eindrucksvollsten ihrer Art in Südwestdeutschland zählt. Nach der Reformation zog eine evangelische Klosterschule in die Räume der katholischen Mönche, später ließen die Könige von Württemberg die Anlage zu einem Jagdschloss umbauen. Heute ist das malerische Fleckchen hinter den alten Klostermauern der zentrale Zugang zum Schönbuch und beherbergt unter anderem das Informationszentrum des Naturparks. Dort erfahren die Besucher des Naturparks viel Wissenswertes über die Gegenwart und die Geschichte des großen Waldgebiets zwischen Stuttgart, Reutlingen, Tübingen und Herrenberg. In einer der alten Gassen der mittelalterlichen Klosteranlage hat auch Mathias Allgäuer, der Geschäftsführer der Naturparkverwaltung, sein Büro.

Hansjörg Jung:»Ein schönes Plätzchen haben Sie für das Informationszentrum des Naturparks ausgesucht.«
Mathias Allgäuer:»Ja, das Informationszentrum ist seit 1997 im alten Schreibturm des Klosters, der um das Jahr 1300 gebaut wurde, untergebracht.«

»Was erwartet die Besucher im Informationszentrum?«
»Im Unterschied zu den betreuten Informationszentren der anderen Naturparks können sich die Besucher hier die Antworten auf ihre Fragen selbst erarbeiten. Dazu stehen ihnen viele Infotafeln zu den unterschiedlichsten Themen rund um den Schönbuch zur Verfügung. Kleine Broschüren mit Wandervorschlägen gibt es zum Mitnehmen. An einem Geländemodell des gesamten Schönbuchs aus Ahornholz können sich die Besucher über die Lage der unterschiedlichen Sehenswürdigkeiten informieren. Auf Knopfdruck leuchtet beispielsweise hier ein Lämpchen für Seen und Weiher, dort für Lehrpfade. An einem Infoterminal gibt es unter anderem kleine Filme zum Rotwild im Naturpark.«

»Gibt es auch Informationen für das Smartphone aufbereitet?«
»Ja, mit unserer kostenlosen Schönbuch-App. An vielen Stellen im Naturpark sind Tafeln mit QR-Codes aufgestellt, an denen sich der Spaziergänger oder Wanderer die vertiefenden Informationen auf seinem Smartphone abrufen kann. Diese Daten werden mit der App heruntergeladen, es ist also keine Internetverbindung im Wald notwendig. Die App bietet auch eine automatische Navigationshilfe auf den Wanderwegen über GPS-Signale. Diese kann das Smartphone auch im tiefen Wald empfangen. So sieht man immer, wo man gerade ist.«

»2014 wurde der Schönbuch bei einer Onlineumfrage zum *Waldgebiet des Jahres* gewählt – hat der Titel auch mehr Besucher gebracht?«
»Das ist sehr schwer zu sagen. Die letzte Zählung stammt aus den 80er-Jahren und ergab eine Zahl von rund vier Millionen Besuchern pro Jahr. Ich gehe davon aus, dass es heute bis zu fünf Millionen Besucher sind.«

»Gibt es bei den Besuchern ausgesprochene Lieblingsplätze?«
»Bebenhausen, Tübingen, Herrenberg und der Wanderparkplatz Weißer Stein sind sicherlich die Haupteingangstore in den Naturpark. Besonders beliebt sind die Rotwild-Beobachtungskanzeln am Dickenberg oder am Tropfenden Wasen. Natürlich haben viele Besucher ihre besonderen Plätzchen, wo sie sich wohlfühlen.«

»Wo wären diese Plätzchen denn bei Ihnen?«
»Ich bin gerne im Olgahain, diesem romantischen Felsengarten bei Bebenhausen. Oder auch im kleinen Goldersbachtal, wo Archäologen die Reste einer alten Glashütte gefunden haben. Dort wurde für das Kloster unter anderem Fensterglas hergestellt. Im Kreuzgang des Schlosses sind davon einige Stücke mit vielen Informationen ausgestellt.«

   Die kostenlose Naturpark-Schönbuch-App bietet für Android- und iOS-Betriebssysteme jede Menge Tourenvorschläge und touristische Informationen.

IM SCHREIBERTURM DES KLOSTERS BEBENHAUSEN IST DAS
INFORMATIONSZENTRUM DES NATURPARKS SCHÖNBUCH UNTERGEBRACHT.

HIER SPEISTE SCHON SEINE MAJESTÄT

Schranners Waldhorn in Tübingen-Bebenhausen

45

Wer sich in den Gasträumlichkeiten des heutigen Gasthofes Zum Waldhorn in Bebenhausen niederlässt, ist gleichwohl auf vormals adligem Boden: Hier speiste schon König Wilhelm II. »Abends isst Majestät im Waldhorn«, vermerkte der Hofkalligraf im Tagebuch, wenn er gerade keine Speisekarte schreiben musste, weil Hoheit lieber auswärts essen ging. Der Bebenhausener Gasthof Waldhorn hat eine lange Tradition. Mit dem Bau einer Straße durch das Seebachtal, heute die Landesstraße 1208, bekam das Waldhorn 1845 seinen Platz und war damit beliebte Einkehr für die Durchreisenden. Aber auch die Dorfbewohner, Forstleute oder die Bediensteten des Königs trafen sich im Waldhorn in reger Runde. Wohl nicht zuletzt, weil man dort bis 1910 noch selbst Bier braute. Auch später war das Waldhorn so etwas wie der Dreh- und Angelpunkt in Bebenhausen. Direkt vor der Tür befand sich die Haltestelle der Postomnibusse, die regelmäßig zwischen Tübingen und Stuttgart pendelten, und die Besucher des Klosters versüßten sich das Warten auf den Bus gerne mit der Einkehr im Gasthof.

Sternesegen dann 1985 für das Waldhorn. Den damaligen Wirt und Küchenchef Ulrich Schilling befand der Guide Michelin als eines Sternes würdig. Dem ausgezeichneten Ruf der Küche folgten schließlich Gäste aus nah und fern: So hieß man hier schon den irischen Sänger Chris de Burgh willkommen, der in Bebenhausen Privatkonzerte gab.

Nachdem über mehrere Generationen die alteingesessene Familie Schilling das Waldhorn prägte, weht im Traditionsgasthof heute ein frischer Wind: Marie-Luise und Maximilian Schranner wollen »Tradition und Trend in Harmonie verbinden«. Das Restaurantkonzept beinhaltet Klassiker der gutbürgerlichen Küche, gewürzt mit den Einflüssen internationaler Lehrjahre des Küchenchefs. Mit Erfolg: Einen Michelin-Stern gab es auch für Maximilian Schranner.

☙ Essen und Trinken hält Leib und Seele zusammen! Kehren Sie unbedingt auch im Landhotel Hirsch ein. Hier speiste ebenfalls schon der König!

SANDSTRÄSSLE

POST-SV TÜBINGEN
GEMEINSAM AKTIV ♀

Lauf- und Nordic Walking-Treff
jeden Samstag
Sommerzeit 16.00 Uhr
Winterzeit 15.00 Uhr
siehe auch Info-Tafel nebenan

WALDPARKPLATZ SAND /// SANDWEG/FALKENWEG ///
72012 TÜBINGEN ///

MIT DER ELITE SPURTEN
Läuferstrecke in Tübingen

46

»In der Tübinger Läuferszene heißt der Pfad Dieter-Baumann-Strecke«, erzählt Mathias Allgäuer, Geschäftsführer des Naturparks Schönbuch, Tübinger und ebenso ambitionierter Läufer. Ab dem Parkplatz Sand führt ein ausgeschilderter Weg von gut fünf Kilometern laufbegeisterte (Hobby-)Sportler auf die Spuren des ehemaligen Olympiasiegers Dieter Baumann.

Mit Sportlern von Weltformat ist man dort in bester Gesellschaft. Läuferkoryphäen wie David Rudisha oder Bernard Lagat, die beiden kenianischen Leichtathleten, wurden in der Vergangenheit hier schon mehrfach laufend gesichtet. Neben der Vorbereitung zu Wettkämpfen dient der Parkplatz Sand aber vor allem den vielen Freizeitsportlern in der Universitätsstadt als Ausgangspunkt für ein abwechslungsreiches Streckennetz. Mit der ausgeschilderten Fünf-Kilometer-Strecke hat hier auch Joshua Schulz angefangen. »Reizvoll ist für mich die wunderschöne Strecke durch den Naturpark«, sagt der Soziologiestudent. Inzwischen trainiert er für den Tübinger Nikolauslauf und läuft ein Pensum von 20 Kilometern. Vom »Sand« aus geht es zunächst in Richtung Bebenhausen, dann weiter zur Teufelsbrücke und zum Soldatengrab. Es folgt ein Anstieg in Richtung Königliche Jagdhütte, dann geht es über Schloss Roseck und Heuberger Tor wieder zurück.

Ob Freizeitläufer oder Olympiasieger: Beim Tübinger Nikolauslauf sprintet sowohl der Student als auch der Berufsläufer. 1976 waren gerade mal 24 männliche Teilnehmer am Start, nahezu 3.000 Finisher zählte man in den jüngsten Jahren. Streckenrekord hält nach wie vor Dieter Baumann, der 2005 mit einer Stunde, sieben Minuten und 15 Sekunden die Zielgerade der Halbmarathonstrecke passierte. Für den Soziologiestudenten Schulz gilt wie für viele: »Laufen als Ausgleich zum Alltag, einfach nur für mich.«

Blättern Sie zurück zum Lieblingsplatz 16 – *Schönbuchlauf*. Der Naturpark ist ein Läufer-Eldorado! Mit oder auch ganz ohne Wettkampf.

GRÜNES HERZ

Staudengärtnerei Jantzen in Tübingen

47

»Wir haben alles, was Sie brauchen, und was wir nicht haben, brauchen Sie auch nicht«, steht es handgeschrieben auf einer Schiefertafel mitten im üppigen Grün der Gärtnerei. Das große Sortiment an Stauden, das man hier bestaunen und erwerben kann, lässt das Herz eines jeden Gartenbesitzers höher schlagen.

Herz des Betriebes im idyllischen Ammertal am Rande von Tübingen ist Erika Jantzen selbst. Nach Lehrjahren im Botanischen Garten in Tübingen und dem Gartenbaustudium in Weihenstephan setzte die Diplomingenieurin die ersten Wurzeln zu ihrer Gärtnerei im Jahr 1990. In nahezu drei Jahrzehnten wurde aus dem Geschäft ein grünes Kleinod, das weit über die Region hinaus bekannt ist. Führungen durch den Schaugarten und die regelmäßigen Themenveranstaltungen ziehen immer wieder zahlreiche Besucher an. *Planst du noch oder pflanzt du schon?*, *Ein Garten wie gemalt* – so und ähnlich heißen die Events bei Jantzen – Stauden & Kräuter. Dabei geben Erika Jantzen und ihr Team nicht nur hilfreiche Tipps für den grünen Daumen, die individuelle Gartengestaltung oder eine wildbienenfreundliche Anpflanzung, sondern halten beispielsweise auch Vorträge über *Frische Kräuter für Küche und Hausapotheke*. Zum beschaulichen Verweilen lädt anschließend das Gartencafé ein.

Vor allem wenn die Gärtnerei nach der Winterpause im März ihre Pforten wieder öffnet, ist es eine Wonne, durchs *Topfquartier* zu schlendern und sich die ungeheure Vielfalt der Pflanzen anzuschauen. Beim Spaziergang durchs *Mutterpflanzenquartier* kann man die jeweilige Staude in ausgewachsenem Zustand betrachten und so besser einschätzen, ob der Platz im eigenen Garten auch ausreichen wird. Vermehrt werden die Gewächse bei Erika Jantzen selbst, indem aus den Mutterpflanzen Stecklinge und Teilpflanzen gewonnen werden. So bekommt man seine Stauden garantiert aus erster Hand.

10.000 Pflanzenarten aus fünf Kontinenten auf zehn Hektar: Der Botanische Garten der Universität Tübingen ist überaus informativ und sehenswert.

MAGIE AUF DEM NECKAR

Stocherkahn und Zauberfloß in Tübingen

48

Ein Bild, welches aus Tübingen nicht mehr wegzudenken ist: Die Hauptanlegestelle für Stocherkähne am Hölderlinturm mitten in der Stadt. An Sommertagen tummelt sich hier an der Neckarbrücke Jung und Alt. Um einfach nur die Füße im Fluss baumeln zu lassen oder aber um eine der begehrten Stocherkahnfahrten zu unternehmen. Ehemals das Transportmittel der Neckarfischer, später ein Privileg der Studentenverbindungen, sind diese schlichten Holzboote heute ein Freizeitspaß für alle, die einfach nur ruhig und gemächlich übers Wasser gleiten wollen. Oder soll es doch lieber ein spektakuläres Event sein? Vom Kindergeburtstag über den Junggesellenabschied bis zum romantischen Candle-Light-Dinner reicht das vielfältige Angebot der Stocherkahnkapitäne.

Aber: »Deutschlandweit bislang einmalig«, so Oliver Ueltzhöffer, ist ein Floß, das rund zwei Dutzend Fahrgästen Platz bietet und ebenfalls wie ein Stocherkahn mittels Stab fortbewegt wird. Und der Viaverde-Chef hat sich für diese Besonderheit noch einen Magier mit ins Boot geholt, der auf dem Zauberfloß seine Künste zeigt. Marko Rippberger ist Zauberkünstler und verdient damit auch hauptberuflich seine Brötchen. Das Talent schlummerte wohl schon früh in ihm: »Zauberei hat mich schon als Kind fasziniert, mein Opa hat mir einige kleinere Tricks beigebracht«, erzählt er. In Kursen erweiterte er die magischen Kunststücke. Nach einem BWL-Studium und Jobs im Marketingmanagement hat er sich schließlich ganz der Zauberei und Magie verschrieben. Neben Bühnenshows hat er vor allem ein Händchen für die Close-up-Zauberei: Da wird das Floß mit Tricks und optischer Illusion, mit Fingerfertigkeit und Mentalmagie zur schwimmenden Bühne auf dem Neckar.

Öffentliche »Zauberfahrten« finden einmal im Monat statt. Abfahrt und Ankunft immer am Casino Floßhafen.

✍ Highlight des Jahres: Das Stocherkahnrennen im Juni. Hier kämpfen Mannschaften um Preise für Schnelligkeit und originellste Kostümierung. Ein Heidenspaß!

MASERATI ZUM ANFASSEN

Museum Boxenstop in Tübingen

49

Beim Wort »Boxenstopp« kommen einem unweigerlich die Formel 1, schnelle Rennmotoren und der Geruch nach verbranntem Gummi in den Sinn. Im Tübinger Museum Boxenstop gibt es allerdings weder eine Boxengasse noch Garagen, dafür aber jede Menge Schönheiten zum Anfassen. Auf rund 850 Quadratmetern platzieren sich über 70 Autos, Motorräder und Fahrräder der besonderen Art. Auf Absperrungen haben die Macher des Museums, Rainer und Ute Klink, ganz bewusst verzichtet. Sie wollten eine Atmosphäre zum Anfassen schaffen, und das ist ihnen gelungen. Es ist schon ein erhabenes Gefühl, einem Maserati 4CL oder den genauso ultraflachen Rennsportwagen von Lola, Lotus oder Chevron über die Motorhauben zu streichen und das jeweilige Fahrwerk mit viel Fingerspitzengefühl zu erkunden. Für die Fans von Oldtimerfahrzeugen sind die traumhaft eleganten Karosserien der schnittigen Sportwagen von Ferrari, Porsche, BMW, MG oder Jaguar ein wahrer Augenschmaus. Liebevoll restauriert und allerfeinst herausgeputzt sind auch die Zweiräder, ob mit oder ohne Motor. Doch die hochkarätige Sammlung an Gefährten war den Betreibern wohl nicht genug und sie setzten noch einen drauf: Über 1.500 historische Spielsachen aus verschiedenen Bereichen sind zwischen den Fahrzeugen zu entdecken und machen das Boxenstop mit dieser Mischung zu einer Museumsrarität in Deutschland. Highlights wie Puppenstuben, Kaufmannsladen oder auch Modelleisenbahnen – so zum Beispiel eine HO-Anlage aus den 60er-Jahren – sind hier zu bestaunen.

Weil sein besonderes Ambiente so manchen in Hochstimmung versetzt, kann man im Boxenstop auch Feste feiern. Mit *Alvis*, einem offenen englischen Oldtimer, zur Hochzeit chauffiert zu werden und anschließend mit einem Glas Champagner an einem Mercedes Benz 300 SL Flügeltürer zu lehnen, das setzt für viele dem schönsten Tag die Krone auf.

✍ Der Schönbuch ist Ihnen nicht genug und Sie wollen in den Bayerischen Wald, nach Paris oder an den Lago Maggiore? Das Boxenstop organisiert auch Reisen!

TÜBINGEN MARITIM

Bootshaus am Neckar in Tübingen

50

Das ehemalige *Franzosen-Casino* ist für die Tübinger heute nicht mehr aus der Stadt wegzudenken. 1913 ursprünglich als Offiziersspeiseanstalt gebaut, wurde die exklusiv gelegene Lokalität in und nach den Kriegsjahren von der französischen Besatzungsmacht genutzt, später diente das Casino als Ort der interkulturellen Begegnung. 2006 wurde das Gebäude saniert und ein Teil davon zum Restaurant umgebaut. Zehn Jahre lang wurde dort indisch gekocht, 2017 gab es schließlich einen Pächterwechsel.

Mit Gwen Schubert und Tim Diesterheft ist maritimes Flair in das Lokal am Neckarufer eingezogen. Ein Holzpaddel als Garderobe, das Interieur in schlichtem und stilvollem Blau-Weiß gehalten, ein Segelschiffsmodell als Blickfang und zahlreiche Accessoires auf Tischen und Wänden unterstreichen das Motto, das der Name *Bootshaus* bereits ankündigt. Von Sylt über die Schweiz nach Tübingen hat es das Besitzerpaar gezogen und beide bringen Erfahrung wie Ideen an den Neckar. Die Open-Stage-Abende, Konzerte und Tanzevents im Großen Saal sind das Ressort von Gwen Schubert, die lange Jahre als selbstständige Eventmanagerin gearbeitet hat. Partner Tim Diesterheft hat für verschiedene Auftraggeber schon mehrfach Konzepte in der Gastronomie erdacht und erfolgreich realisiert.

Eine feine Sache sind auch die Speisen im Bootshaus. Salatvariationen, frische Pasta und die Gerichte mit Fleisch und Fisch kommen größtenteils aus der Region und werden zudem saisonal zubereitet. Ebenfalls auf der Karte: Hausgebackenes Brot sowie wechselnde günstige Mittagsmenüs. Den Biergarten haben die beiden in *Sonnendeck* umgetauft, und dieser Bezeichnung wird der exponierte Freisitz bei schönem Wetter, mit Blick auf den Neckar, wahrlich gerecht. Hier lässt sich Radler oder Schorle wunderbar mit Klassikern wie Kässpätzle oder Wurstsalat kombinieren.

✐ Machen Sie eine Altstadtführung, die gibt es täglich. Oder eine der vielen Themenführungen – *Gogen und Gelehrte, Kostümführung auf Schwäbisch* zum Beispiel.

WER IM GED...
SEINER LIEB...
DER IST NIC...
DER IST NVR...
BERNHA...
KVGLE...
PROF·D·GESC...
A 14·VII·1837...

STADTFRIEDHOF /// GMELINSTRASSE 20 /// 72076 TÜBINGEN ///
0 70 71 / 7 95 67 95 /// WWW.TUEBINGEN.DE ///

HÖLDERLINTURM /// BURSAGASSE 6 /// 72070 TÜBINGEN ///
0 70 71 / 2 20 40 /// WWW.HOELDERLIN-GESELLSCHAFT.DE ///

HIER RUHT NICHT NUR HÖLDERLIN

Stadtfriedhof in Tübingen

51

1829 wurde Jakob Engelfried in Tübingen bestattet. Es war die erste Beerdigung auf dem Friedhof auf den Spitaläckern im Käsenbachtal. Sein Name wurde damals als Sinnbild verstanden: Man sprach fortan vom Engelsfriedhof. Heute steht der Stadtfriedhof, eine von elf Begräbnisstätten in Tübingen, komplett unter Denkmalschutz. Friedrich Hölderlin fand hier seine letzte Ruhestätte und auch Ludwig Uhland. Ebenso Kurt Georg Kiesinger, ehemaliger Bundeskanzler. Künstler, Wissenschaftler, Politiker, Ehrenbürger: Die Liste bedeutender Persönlichkeiten, die mit der Geschichte Tübingens verbunden waren und hier begraben wurden, ist lang. Über 200 dieser Grabstätten stehen unter besonderem Schutz und werden – zum Teil über Pflegepatenschaften – unverändert erhalten. Als 1987 das Landesdenkmalamt den Stadtfriedhof zum Kulturdenkmal erklärte, wurden dort schon keine neuen Gräber mehr angelegt. Mit dem Bergfriedhof hatte man in den 1950er-Jahren eine Alternative geschaffen, die von 1968 an den Stadtfriedhof in eine Art Dornröschenschlaf fallen ließ. Bis schließlich wachsendes Bürgerinteresse, allen voran der Schwäbische Heimatbund, auf den kulturhistorischen Wert der Begräbnisstätte verwies und die Stadt Tübingen den Friedhof im Jahr 2002 mit einem ausgeklügelten Denkmalschutzkonzept für Neubelegungen wieder öffnete.

Weit mehr als ein Ort, an dem man Tote betrauert, ist diese besondere Stätte heute. Sie ist zu einer Oase im Alltagstreiben der Stadt geworden. Nicht nur für gestresste Menschen, die auf den Spazierwegen oder Bänken Ruhe und Erholung suchen. Auch seltene und bedrohte Tierarten finden auf der Anlage innerhalb der alten Friedhofsmauern mit ihrer Grabmalkunst aus zwei Jahrhunderten, ihren Gehölzen, Wiesenflächen und der abwechslungsreichen Grabbepflanzung einen idealen Lebensraum.

✍ Hier hat er gelebt: Im Hölderlinturm in der Altstadt findet man ein Museum, das Einblicke in das Wirken und Schaffen Friedrich Hölderlins gibt.

GENERATIONENTHEATER ZEITSPRUNG, HELGA KRÖPLIN,
C/O LANDESTHEATER TÜBINGEN /// EBERHARDSTRASSE 6 ///
72072 TÜBINGEN /// 01 60 / 7 80 99 86 ///
WWW.GENERATIONENTHEATER-ZEITSPRUNG.DE ///
WWW.LANDESTHEATER-TUEBINGEN.DE ///

KREATIVES MITEINANDER
Generationentheater Zeitsprung in Tübingen

(52)

2017 feierte das Generationentheater Zeitsprung sein 20-jähriges Bestehen. Die älteste Laienschauspielerin war da 92 Jahre alt, die jüngste gerade mal acht. Unter der Leitung von Helga Kröplin wurde das Ensemble am Landestheater Tübingen (LTT) 1996 ins Leben gerufen. Schon mit dem ersten Stück *Das Waschhaus*, ein Jahr später, spielten sich die Laiendarsteller in die Herzen des Publikums. Das ist bis heute so geblieben. Fast alle der bis dato 16 Stücke sind selbst entwickelt.

Das im Jubiläumsjahr 2017 aufgeführte Stück *Immer wieder barfuß* zeigte denn auch Ausschnitte aus Produktionen der vergangenen 20 Spieljahre wie *Traumschatten, Mensch Goethe!*, *Peer Gynt* oder *Herrschaftszeiten*, die dabei wieder lebendig und neu entdeckt wurden. »Die Begegnung zwischen den Generationen und der Schaffensprozess stehen im Vordergrund«, betont Helga Kröplin. Für die Theaterpädagogin und Regisseurin ist die »Zeitsprung-Großfamilie ein Ort für kreative Prozesse, künstlerisches Denken, Begegnung und Austausch«. Das Generationentheater suche den Brückenschlag zwischen den Generationen. »Ziel der intergenerativen Theaterarbeit ist neben der Theaterkunst ein gleichberechtigtes Miteinander der Menschen verschiedenen Alters, bei dem jeder mit seinen Qualitäten beteiligt ist«, erklärt Helga Kröplin. Großen Erfolg feiert das Tübinger Laienensemble seit 2014 auch Open Air im Bebenhäuser Klosterhof. Premiere war 2014 mit *Herrschaftszeiten*. 2015 und 2016 wurde das Stück *Eulenspiegel* inmitten der Klostermauern aufgeführt.

Der Sprung auf die Bühnenbretter darf beim Generationentheater Zeitsprung auch erst mal ausprobiert werden. So gibt es in jedem Jahr mehrere offene Workshops, die unter einem jeweils anderen Motto stehen und unter professioneller theaterpädagogischer Anleitung stattfinden.

✍ Bis in die Nachkriegszeit geht die Geschichte des Landestheaters Tübingen Reutlingen zurück. 900 Vorstellungen jährlich sind es heute.

STADTMUSEUM TÜBINGEN /// KORNHAUSSTRASSE 10 ///
72070 TÜBINGEN /// 0 70 71 / 2 04 17 11 /// WWW.TUEBINGEN.DE ///

MUSEUMSVILLA IM GARTENGESCHOSS DES THEODOR-HAERING-
HAUSES /// NECKARHALDE 31 /// 72070 TÜBINGEN ///

SCHERENSCHNITTE IM KORNHAUS

Stadtmuseum Tübingen

Sie war ganz sicher eine der berühmtesten Personen, die in der Gemeinde Dettenhausen bei Tübingen gelebt hat: die Scherenschnittkünstlerin und Filmpionierin Lotte Reiniger. Mit *Die Abenteuer des Prinzen Achmed* gestaltete sie in den 1920er-Jahren den ersten Trickfilm der Filmgeschichte. Ihren letzten Lebensabschnitt verbrachte die 1899 in Berlin geborene und später nach London ausgewanderte Künstlerin in Tübingen bei einer befreundeten Pfarrfamilie, 1981 starb sie im Alter von 82 Jahren. Ihren umfangreichen Nachlass beherbergt heute das Stadtmuseum Tübingen und zeigt mit der Dauerausstellung *Die Welt in Licht und Schatten – Scherenschnitt, Schattentheater, Silhouettenfilm* die weltgrößte Präsentation von Lotte Reiniger.

Im 15. Jahrhundert entstand am Ammerkanal ein überdachter Kornmarkt, der schnell zu einem bedeutsamen Umschlagplatz wurde. Heute bietet das Kornhaus im Herzen der Tübinger Altstadt, das in den 1980er-Jahren umfangreich saniert wurde, Platz für Kunstwerke. Zwei ständige Ausstellungen, dazu drei bis vier Sonderausstellungen im Jahr werden im Stadtmuseum gezeigt. Im zweiten und dritten Stock kann man gut 500 Jahre der Tübinger Stadtgeschichte durchstreifen.

High Noon im Schlosshof, Gezeter im Mordiogässle, Geräusche aus einem Milchwerk, das Knarzen einer Kirchenbank oder Glockengeläute gibt es an den verschiedenen Hörstationen, die alltägliche und verloren gegangene Geräusche der Stadt wieder in Erinnerung rufen oder freilich ganz neu entdecken lassen. Entstanden ist dieses umfangreiche Geräuscharchiv in Kooperation mit dem SWR-Studio Tübingen. Übrigens: Die CDs der unterschiedlichen Geräuschkulissen aus dem Stadtleben können auch im Museumsshop erworben werden. Und: Natürlich gibt es auch wunderschöne Lotte-Reiniger-Scherenschnitt-Postkarten.

✄ Besuchen Sie auch die Museumsvilla im Gartengeschoss des Theodor-Haering-Hauses: Künstler bieten hier regelmäßig Kunstkurse für Groß und Klein an.

SCHWÄRZLOCHER HOF /// SCHWÄRZLOCH 1 /// 72070 TÜBINGEN ///
0 70 71 / 4 33 62 /// WWW.HOFGUT-SCHWAERZLOCH.DE ///

WO SCHON DICHTER DAS GLAS ERHOBEN

Schwärzlocher Hof in Tübingen

Schatten. Die Sommerlinde spendet genug davon. Hitze liegt über dem Ammertal. Unterhalb der Terrasse reift strohgelb die Gerste. Strohgelb ist auch der Inhalt meines Glases, der aus dem kühlen grauen Steinzeugkrug ausgeschenkt wird. »Schwärzlocher Hof« steht in blauen Buchstaben auf dem Krug, der mit Apfelmost gefüllt ist. Das schwäbische Nationalgetränk hat hier Tradition: »Schwärzloch, den 27. Juli 1894. Königliches Oberamt! Infolge neuen Umgeldakkords ersuche ich ein Königl. Oberamt um die Erteilung einer Konzession zur Abgabe von Obstmost. Hochachtungsvoll Kilian Schmid, Gutsbesitzer«. Knapp drei Wochen später war die Genehmigung erteilt und der Most strömte.

Die Geschichte des Hofguts ist jedoch viel älter. Bereits im 11. Jahrhundert wurde es zum ersten Mal in einer Schenkungsurkunde erwähnt. Auch der Gastwirtschaftsbetrieb ist wesentlich älter als der Mostausschank. Seit den 30er-Jahren des 19. Jahrhunderts öffneten die Gutsbesitzer den Hof für Gäste. Unter anderem haben hier auch die schwäbischen Dichterfürsten Kerner, Mörike, Uhland oder Hauff das Glas erhoben.

Damals wie heute ist der Schwärzlocher Hof ein beliebtes Ausflugsziel – nicht nur für Tübinger Studenten und Professoren. Vom Marktplatz der Universitätsstadt ist es über den Westbahnhof gerade mal eine halbe Stunde Spazierweg, um an den kühlen Mostkrug und ein deftiges Mahl zu zivilen Preisen zu gelangen: Auf der Speisekarte stehen schwäbische Spezialitäten vom Mostbraten mit Kraut bis zum Wurstsalat, aber auch vegetarische Gerichte. Die Gaststätte hat das ganze Jahr über geöffnet. Schön sitzt man beispielsweise in der Apsis der ehemaligen romanischen Kapelle. Am schönsten ist es aber draußen auf der Terrasse, im Schatten der Sommerlinden, mit einem entspannten Blick ins Ammertal und auf den Schönbuch-Hang.

Im Schwärzlocher Hofladen gibt es unter anderem Nudeln, Wurst, Marmeladen und vor allem selbst gebackenes Brot. Eier kann man rund um die Uhr haben.

TÜBINGEN HAUPTBAHNHOF /// EUROPASTRASSE ///
72072 TÜBINGEN /// WWW.AMMERTALBAHN.DE ///

HERRENBERG BAHNHOF /// BAHNHOFSTRASSE /// 71083 HERRENBERG ///

WWW.VVS.DE/E-BIKE-STATIONEN ///

EIN GUTER ZUG FÜR WANDERER

Die Ammertalbahn zwischen Tübingen und Herrenberg

55

Und wieder einmal irrte die Bahn: 1966 wurde der Personenverkehr auf der Ammertalbahn zwischen Herrenberg und Tübingen eingestellt. Ein paar Jahre später ließ der damalige Staatsbetrieb gar die Gleise zwischen Herrenberg und Gültstein demontieren. In den 90-Jahren hatten die beiden Landkreise Böblingen und Tübingen, wie auch schon bei der Schönbuchbahn, einen Zweckverband gegründet, der den Personenverkehr mit der Ammertalbahn wieder aufnehmen sollte.

Heute hat die Bahn den Tübinger Bahnhof als Endpunkt längst hinter sich gelassen. Vom Prellbock am Herrenberger Nebengleis 102 führt die Strecke über Tübingen und Reutlingen nach Plochingen – oder, je nach Tag und Uhrzeit, nach Bad Urach an den Fuß der Alb. Somit ist der Wanderer im Schönbuch in der Regel mit der Ammertalbahn gut bedient. Denn auf der Fahrt in Richtung Tübingen verlässt der Schienenstrang das immer tiefere Tal nach Altingen, um auf der Ebene unterhalb des Schönbuch-Südhangs über Entringen nach Pfäffingen und Unterjesingen zu stoßen, wo sich die Linie wieder dem Bachlauf nähert.

Ausgespart bleibt dabei das Talstück rund um Reusten und Poltringen, wo sich die Ammer tief in eine Muschelkalkplatte eingegraben hat. Eigentlich schade, dass hier im engen Tal der Zug nicht verkehren kann. Denn aus der Reustener Ortsmitte heraus führt der Weg steil hinauf in Richtung Sportplätze, von wo es nur ein kleiner Spaziergang zum Naturschutzgebiet Kochartgraben ist. Der Bach hat sich dort nicht minder tief eingegraben und schlängelt sich in einem hübschen Tal mit Weiden und Wiesen in Richtung Ammer. Blumenliebhaber kommen nach der farblosen Winterzeit gerne hierher. Denn oben an den mageren Standorten, an der Hangkante, breitet sich Mitte März oft ein blauer Teppich von Küchenschellen aus.

🚲 Am Herrenberger Bahnhof gibt es an einer Pedelec-Station zehn Fahrräder mit Elektrounterstützung zum Ausleihen. Am besten vorab online reservieren.

WURMLINGER KAPELLE /// WTG ROTTENBURG ///
0 74 72 / 91 62 36 /// WWW.ROTTENBURG.DE ///

AUF DES HÜGELS GRÜNER WELLE

Kapelle in Rottenburg-Wurmlingen

56

Blickt man vom Herrenberger Schlossbergturm über das Ammertal in südliche Richtung, ist es bei Sonnenschein ein leuchtend weißer Punkt, doch auch bei trübem Wetter ist das Kirchlein auf dem Bergsporn des Spitzberges nicht zu übersehen: die Wurmlinger Kapelle. Viel besungen ist sie. Schaurig schön von Uhland und seinem Hirtenknaben, oder auch von Lenau:»Luftig, wie ein leichter Kahn, / Auf des Hügels grüner Welle / Schwebt sie lächelnd himmelan, / Dort die friedliche Kapelle.«»Himmelan«, so scheint sie wahrhaftig, wenn man von Wurmlingen aus den Kreuzweg hinaufgeht. Wer mit dem Auto kommt, startet am besten am Parkplatz, den man von der Hirschauer Straße erreicht. Dann geht es, nicht sehr weit, aber doch bisweilen steil, rund einen Kilometer und über 100 Höhenmeter bergan, bevor man das kleine Gipfelplateau mit der Kapelle erreicht.

Der Weg hinauf bietet prächtige Ausblicke. Auf der einen Seite über das Ammertal zum Schönbuchtrauf, auf der anderen Seite über das Neckartal hinweg auf die Schwäbische Alb bis zur Burg Hohenzollern. Der Südhang des Kapellenberges ist bestückt mit Streuobstwiesen und Weinbergen. Auf den ersten Blick recht karg ist der Bewuchs am Nordhang. Hier bilden Heckenriegel die Grenze zu den Ackerflächen des Tales. Oberhalb sind es magere Wiesen, von Kräutern, Blumen und schlanken Säulen der Wacholderbüsche durchsetzt.

Ein Ort zum Verweilen, zum Schauen und Durchatmen – nicht erst wenn man bei der Kapelle auf 475 Metern über dem Meeresspiegel angekommen ist. Und auch die innere Einkehr mag sich einstellen bei der Erinnerung an die Vergänglichkeit auf dem kleinen Friedhof an der Kapelle. Am Eingang hängt Uhlands Gedicht, der in diesem Sinne schreibt:»Droben bringt man sie zu Grabe, / Die sich freuten in dem Tal. / Hirtenknabe, Hirtenknabe, / Dir auch singt man dort einmal.«

Vom Tübinger Marktplatz auf dem Ludwig-Uhland-Liederweg zur Wurmlinger Kapelle und zurück durch das Ammertal wieder nach Tübingen – circa 13 Kilometer.

**KURT SCHMIDT FÜHRT MIT LAUNIGEN WORTEN
DURCH SEINEN WEINBERG UNTERHALB DER WURMLINGER KAPELLE.**

**DR. KURT SCHMIDT /// BERGWEG 12 /// 72144 DUSSLINGEN ///
0 70 72 / 52 56 /// WWW.WEINERLEBNISTOUR.DE ///
WWW.WEINUNDKUNST.COM ///**

FÜR WEIN, LEIB UND SEELE –
EIN ORT DER STÄRKE

Weinberg am Kapellenberg in Rottenburg-Wurmlingen (57)

»Wer niemals einen Rausch gehabt / der ist kein braver Mann / der seinen Durst mit Achteln labt / fang lieber gar nicht an ...« – das Lied des österreichischen Schauspielers und Autors Joachim Perinet rezitiert Dr. Kurt Schmidt bisweilen bei seinen Weinerlebnisführungen am Wurmlinger Kapellenberg unter dem Motto *Wein und Poesie.*

Der Wein beflügelte die Fantasie und Seelen vieler Dichter – von Kerner bis Goethe. Der Dichterfürst hat obendrein ganz prosaisch festgestellt: »Das Leben ist zu kurz, um schlechten Wein zu trinken.« Doch die Praxis steht erst am Ende der literarischen Weintour rund um die Wurmlinger Kapelle mit Kurt Schmidt. Am Anfang steht die Poesie – der Doktor der Erziehungswissenschaften hat sich dazu eine schöne Sammlung von Gedichten zugelegt, die er unterwegs zwischen Informationen zur Natur und Kultur der Landschaft zu passenden Gelegenheiten vorträgt. Der eine oder andere Witz zum Thema Wein wird dabei auch gerne eingestreut.

Kurt Schmidt ist selbst Winzer am Kapellenberg und baut seine Reben auf der sonnenverwöhnten Südseite des Berges an. Dort stehen unter anderem die pilzwiderstandsfähigen Sorten Regent und Cabernet Blanc, aber auch Kerner. Und wenn er dennoch zur Spritze greifen muss, bedient er sich des Instrumentariums des biologischen Weinbaus. Der Kapellenberg ist für den Nebenerwerbswinzer und seine Frau Cornelia, die als Pflanzentherapeutin arbeitet, ein besonderer Ort. »Meine Frau sagt immer, es ist ein Ort der Stärke. Es ist einfach richtig schön hier, egal bei welchem Wetter. Mir erweckt der Berg die Seele«, erzählt Kurt Schmidt.

So gibt es viel Nahrung für den Geist/das Gemüt und am Ende der Tour, mit einer kleinen Verkostung, natürlich auch für den Leib. Und auch hierbei kommen *Wein und Poesie* sicher nicht zu kurz.

🖋 Kurt Schmidt ist auch Künstler. Seine Holzschnitte zum Thema Wein sind in seinem Atelier in Dusslingen zu sehen – dort hat er auch seine Vinothek.

WANDERPARKPLATZ AM BOGENTOR /// STADTTEIL HAGELLOCH ///
72070 TÜBINGEN /// WWW.KLEINDENKMALE-SCHOENBUCH.DE ///

MORDSTEINE UND BRUNNEN

Kleindenkmale im Schönbuch in Tübingen-Hagelloch

58

Den Stein ins Rollen brachte der Förderverein Naturpark Schönbuch e. V. im Jahr 2007. Viele ehrenamtliche Helfer trugen ihr Wissen über die Standorte und Hintergründe der Steinkreuze, Gedenk- und Grenzsteine oder auch Brunnen und kleinere Gebäude zusammen und bündelten die weit über 200 Kleindenkmale des 156 Quadratkilometer großen Naturparks in einer Datenbank. Seit 2009 sind diese gesammelten Informationen im Internet wie auch in einer detaillierten Broschüre zu finden.

Die alten Grenzsteine, Sühnekreuze oder auch Mahnmale sollte man unbedingt als Waldgänger aufspüren und dazu an den oft magischen, geheimnisumwobenen Plätzen verweilen. So etwa »erzählt« das fast unscheinbare Sühnekreuz am Härtlesberg auf der Gemarkung Hagelloch die Geschichte eines Bauern aus Hohenentringen, welcher auf dem Tübinger Markt Ochsen verkaufte und auf dem Heimweg schließlich ums Leben gebracht wurde. Wie, bleibt im Dunkeln. Auch die genaue Jahreszahl kann auf dem Steinkreuz nicht mehr entziffert werden. Eine Vielzahl an Klostergrenzsteinen findet man vor allem rund um Hagelloch, ausgehend vom Parkplatz Bogentor.

Auf der Gemarkung Breitenholz, unweit der Königlichen Jagdhütte steht der Lönsbrunnen, der dem Schriftsteller und Naturforscher Herman Löns (1866–1914), einem Mitstreiter für die Gründung des ersten deutschen Naturparks 1911 in der Lüneburger Heide, gedenkt. 1925 fertigte der Tübinger Künstler Ugge Bärtle (1907–1990) während seiner Bildhauerlehre ein Halbrelief aus Zement, welches dann in einen Sandstein eingefügt und an einer Quelle aufgestellt wurde. Umfangreich restauriert wurde der Lönsbrunnen 2001 durch den Förderverein Naturpark Schönbuch. Aufspüren, vermessen, fotografieren, beschreiben und restaurieren: Für die umfassenden Arbeiten an den Kleindenkmalen des Naturparks erhielt der Förderverein im Jahr 2008 den *Sonderpreis Kleindenkmale*.

⌖ Werfen Sie einen Blick auf Schloss Roseck. Die Schlossanlage mit langer und bewegter Vergangenheit ging 2014 für mehrere Millionen an einen privaten Käufer.

LETZTE RUHE IM NATURPARK

FriedWald Schönbuch

59

Grabsteine, Gestecke oder auch Kerzen sucht man im FriedWald Schönbuch vergeblich. Stattdessen schmückt hier die Natur: Moos und Farn, mal ein paar Wildblumen, im Herbst dann buntes Laub und im Winter die weiße Schneedecke sind die natürliche Zierde zwischen den Baumgräbern. Die letzte Ruhestätte an Baumwurzeln mitten im Wald ist eine Alternative zum klassischen Friedhof, die sich längst schon etabliert hat: 2001 entstand mit dem Reinhardswald bei Kassel der erste Bestattungswald in Deutschland, gut 15 Jahre später sind es bundesweit schon 57 Standorte mit rund 2.700 Hektar Waldfläche.

Buche, Eiche, Tanne, Hainbuche, Douglasie, Lärche, vereinzelt auch Kirsche und Birke: Eingebettet inmitten dieser Bäume auf einer rund 60 Hektar großen Fläche ist der FriedWald Schönbuch auch wegen seiner Lage im kleinsten Naturpark Deutschlands einzigartig. Zu Lebzeiten den Ort nach dem Ableben auswählen ist heute für viele Menschen kein Tabuthema mehr. Das Interesse an dem Naturbestattungskonzept ist groß, und so gibt es jeweils an zwei Samstagen im Monat im FriedWald eine Waldführung. Fragen wie »Was ist eine Baumwurzelbestattung?« oder »Welche Baumarten kann man wählen?« werden gleich vor Ort beantwortet. Auch der »Wunschbaum« kann bei diesen kostenlosen Besichtigungen schon in Augenschein genommen werden. Ein gemeinsamer Baum als letzte Ruhestätte für Partner oder Familienangehörige oder der Platz an einem Gemeinschaftsbaum mit Fremden: Die Angebote sind vielfältig. Einzige Voraussetzung ist die Einäscherung. Die biologisch abbaubaren Urnen werden dann an der jeweils ausgesuchten Baumwurzel beigesetzt.

Waldgänger und Erholungssuchende finden im FriedWald Schönbuch einen Platz der Ruhe und Besinnung. Mit herrlichem Ausblick: Vom Andachtsplatz aus schaut man auf das idyllische Ammertal und das Obere Gäu bis zum Schwarzwald.

Zu den kostenlosen Waldführungssamstagen im FriedWald Schönbuch wird auch ein unentgeltlicher Shuttlebus vom Hauptbahnhof Tübingen aus angeboten.

SCHLOSS HOHENENTRINGEN /// 72070 TÜBINGEN ///
0 70 73 / 63 66 /// WWW.HOHENENTRINGEN.DE ///

SCHLOSSHOF MIT AUSSICHT

Schloss Hohenentringen in Tübingen-Hagelloch

60

Im Jahr 1417 lebten fünf Ritter mit ihren Familien freundlich und friedlich auf der Burg. »Es wird berichtet, dass diese Familien sonntags mit ihren 100 Kindern in so stattlichem Zug zur Kirche nach Entringen hinuntergingen, dass die Ersten bei der Kirche anlangten, während die Letzten die Burg verließen«, heißt es in einer Veröffentlichung der Gemeinde Ammerbuch. Dies ist die wohl bekannteste Geschichte um das Schloss Hohenentringen, das am Trauf des Schönbuchs über dem Ammertal thront. Mit eineinhalb Kilometern den Hang hinab war der Weg zur Kirche für die adlige Gesellschaft auch nicht allzu weit.

Heute ist Hohenentringen ein wunderschönes Ausflugslokal mit einem Biergarten im Schlosshof und einem grandiosen Blick von der Brüstung über das Ammertal hinweg ins Gäu. Für Schönbuchradler oder -wanderer am Westrand des Naturparks ist die Burg ein wichtiges Etappenziel. Denn: Wer auf dem Randweg zwischen Unterjesingen und Herrenberg unterwegs ist, findet nicht an allen Tagen Gelegenheit zur Einkehr.

Dennoch, die Wanderung lohnt sich. Am besten, man nimmt von Herrenberg aus die Ammertalbahn bis nach Unterjesingen, überquert dort die Hauptstraße und folgt, vorbei an der Kirche, immer der Kirchhalde ins Enzbachtal und anschließend hinauf in Richtung Schloss Roseck. Dort hält man sich links und folgt dem Weg bis Hohenentringen, das nach gut fünf Kilometern erreicht ist. Weiter führt der Weg über den Wanderparkplatz Saurucken und mehr oder weniger immer an der Handkante entlang über den Jägergartenweg und den Aussichtspunkt Grafenberg bis zur Hildrizhauser Straße am Herrenberger Waldfriedhof. Vorbei am Naturfreundehaus geht es über den Alten Rain und den Schlossberg wieder hinab nach Herrenberg. Wenn man den Bahnhof erreicht, hat man rund 20 anstrengende, aber schöne Kilometer in den Beinen.

🖉 Die Gaststätte auf Hohenentringen hat Mittwoch bis Samstag von 11 bis 22 Uhr, an Sonn- und Feiertagen von 10 bis 19 Uhr geöffnet. Montag und Dienstag ist Ruhetag.

EINE INSEL IN DER WEINLANDSCHAFT
Weinbau in Tübingen-Unterjesingen

61

»Die Hochzeit des Weinbaus im Ammertal war zwischen 1300 und 1500. Da war der ganze Schönbuchhang von Tübingen bis Herrenberg mit Reben bestockt«, sagt der Unterjesinger Winzer Richard Müller. Doch kam erst die Kleine Eiszeit und später der 30-jährige Krieg – beide Ereignisse brachten den Weinbau im ganzen Land nahezu zum Erliegen. Die Reblaus tat später ein Übriges. Heute wird im Landkreis Tübingen auf gerade noch 36 Hektar Weinbau betrieben. Einer der Schwerpunkte: Unterjesingen, hier sind es immerhin 14 Hektar, auf denen die Winzer ihren Wein anbauen – frei, nach eigenem Gutdünken. Richard Müller: »Wir sind hier eine Insel in der württembergischen Weinlandschaft. Es gibt keine Genossenschaft, wir sind nicht organisiert. Jeder baut selbst an und aus.«

Und, so der Winzer, der Anteil an den sogenannten Piwi-Sorten, die relativ widerstandsfähig gegen Pilzerkrankungen sind und deshalb nicht so oft gespritzt werden müssen, ist mit acht Prozent im Landesvergleich relativ hoch. So gedeihen auch Solaris und Muscaris, Cabernet Cantor oder Regent in den steilen Lagen Unterjesingens. Gerade für den vielfach geschmähten Regent bricht Richard Müller eine Lanze: »Dies ist ein besonderer Wein, wenn er richtig ausgebaut ist. Er braucht vor allem viel Geduld, um im großen Holzfass zu reifen.« Eine der wichtigsten Sorten im Ammertal ist der Müller-Thurgau, die Lieblingssorte von Richard Müller. »Der passt einfach zu unserem Anbaugebiet und zu unserem Klima. Es ist ein einfacher, aber auch ein toller Wein, wenn er richtig ausgebaut ist.«

Als Weinerlebnisführer zeigt Richard Müller ein wenig von der Arbeit der Winzer, erzählt von der Geschichte des Weinbaus und führt auch bei dem Ausflug *Stein und Wein* in die nähere Umgebung zum Wendelsheimer Märchensee.

🍷 Seine Besenwirtschaft am Enzbach öffnet Richard Müller in der Regel eine Woche im Oktober. Ausgeschenkt werden eigene Weine, dazu gibt es deftige Speisen.

BEGEISTERT GROSS UND KLEIN MIT IHREN SAGEN UND MÄRCHEN:
PETRA ANNA SCHMIDT /// LANDHAUSHÖHE 16 ///
72070 TÜBINGEN-UNTERJESINGEN /// 0 70 73 / 8 41 15 45 ///
WWW.PETRA-ANNA-SCHMIDT.DE ///

KELTERMUSEUM UNTERJESINGEN /// KIRCHHALDE 10 ///
72070 TÜBINGEN-UNTERJESINGEN ///
WWW.KELTERMUSEUM-UNTERJESINGEN.DE ///

LINDWURM UND FROSCHKÖNIG

Märchenwanderung im Schönbuch

62

Es gab eine Zeit, da war das Ammertal ein Sumpfgebiet. Der Sage nach hauste da ein fürchterlicher Lindwurm in einer Höhle und trieb sein Unwesen. Um ihn zu besänftigen, mussten die umliegenden Dörfer dem gefährlichen Drachen Menschenopfer darbringen. Als eines Tages eine schöne Gräfin aus Tübingen sich auf den Weg nach Unterjesingen machte, begegnete sie dem grässlichen Untier, machte erschrocken kehrt und traf an der Stadtmauer von Tübingen auf einen edlen Ritter, welcher sich anbot, den Lindwurm zu töten. Seine mit Spiegeln ausgestattete Rüstung blendete den Drachen und er konnte ihm den tödlichen Stoß versetzen. Das Happy End: Die Gräfin wurde seine Gemahlin.

Wer der Sagen- und Märchenerzählerin Petra Anna Schmidt aus Tübingen-Unterjesingen lauscht, dem könnte manches Mal ein kalter Schauer über den Rücken jagen. Bei ihren Wanderungen im Schönbuch hat die ausgebildete Erzieherin auch Geister und Dämonen im Gepäck. Dreieinhalb Stunden geht es über Stock und Stein, angefangen bei den idyllischen Streuobstwiesen und Weinbergen bis zum Schloss Roseck und weiter durch den Fronwald am Himbach. Da wird selbst der Ranzenpuffer, der mit dem Kopf unter seinem Arm auf einem weißen Schimmel daherreitet, fast lebendig, wenn Schmidt ihre Sagengeschichten erzählt, dazu musikalisch umrahmt durch ihr Spiel auf Leier, Flöte und Trommel.

Vor allem auch Familien sind an den Märchenspaziergängen interessiert. Dann geht es über kinderwagengerechte und kürzere Wege. Und wenn am Brünnlein mitten im Wald das Märchen vom Froschkönig erzählt wird, strahlen nicht nur Kinderaugen, schließlich versteht es Petra Anna Schmidt gekonnt, ihr Publikum in den Bann der wundersamen Geschichten zu ziehen. Seit über 20 Jahren schon tritt die Unterjesingerin öffentlich als Erzählerin auf und gibt zudem Kurse und Seminare. Ein wahrhaft märchenhafter Job!

🜊 Sehenswert: Das liebevoll restaurierte Keltermuseum mit vielerlei Zeugnissen und Gerätschaften aus dem Handwerk alter Unterjesinger Zeiten.

FEUER UND FLAMME FÜR DIE BRENNEREI
Whisky-Destillerie Unterjesingen

63

Bloß nichts verkommen lassen – diese schwäbische Maxime hat viel mit Achtsamkeit gegenüber dem zu tun, wofür man selbst oder die Altvorderen Mühe und Schweiß investiert haben. Dies beginnt bei der unrentablen Obstwiese und endet beispielsweise bei Volker Theurer und seiner Destille in Unterjesingen. Eigentlich sollte es 1987 nur ein Brand werden, damit das Brennrecht auf der Schnapsbrennerei des Großvaters, die noch in der großen Küche des Gasthauses Lamm untergebracht war, nicht verfällt. Dies war der Beginn einer neuen Leidenschaft für den Koch und Hotelier.

Mit der Leidenschaft wuchs der Reiz, Neues auszuprobieren. Entsprechend groß ist die Palette von Destillaten, die im Verkaufsraum in der alten Scheune aufgereiht sind: vom Apfel bis zur Zwetschge, vom Bärlauch bis zur Weinhefe. Und: Auch so mancher Schotte biegt kurz entschlossen von der Hauptstraße in den Hof des Hotels mit angeschlossener Brennerei ab, denn Volker Theurer ist einer der schwäbischen Whisky-Pioniere. Das Getreide für seinen Whisky stammt wie die Zutaten der anderen Brände ebenfalls aus der Umgebung, das Malz bezieht er aus der Mälzerei.

Mindestens sieben Jahre reifen die Whiskys im uralten Gewölbekeller in verschiedenen Fässern. Mal sind es Fässer, in denen schon Sherry oder Bourbon-Whisky ihre Reife erhielten, mal sind sie aus schwäbischer oder auch amerikanischer Eiche. Es ist die Kunst des Brenners, die einzelnen Chargen gekonnt zusammenzuführen, die am Ende das Aroma und die Harmonie des Whiskys bestimmen. Harmonie ist auch eine Frage des Wassers, mit dem der Brand auf Trinkstärke verdünnt wird. Dazu fährt Volker Theurer eigens in den Schönbuch, um aus einer Quelle diese besondere Zutat zu schöpfen. Wo diese Quelle liegt, ist Volker Theurers Geheimnis.

✍ Alle zwei Jahre, in ungeraden Jahren, öffnen sich an einem Juni-Wochenende Scheunen und Höfe zum Unterjesinger Kunstdorf mit zeitgenössischer Kunst.

VON POLTRINGEN AUS FÜHRT AM OBEREN ENDE DER ENTRINGER STRASSE EIN GETEERTER FELDWEG ZUM FLUGPLATZGELÄNDE. AUCH VON REUSTEN ODER ENTRINGEN HER IST DER FLUGPLATZ ÜBER GETEERTE WEGE GUT ZU ERREICHEN.

FLUGPLATZ POLTRINGEN /// 72119 AMMERBUCH-POLTRINGEN ///

ÜBER DEN BAUMWIPFELN

Rundflug über den Schönbuch

64

Ob Bromberg, Birkensee, Goldersbachtal oder Schloss Hohenentringen: Diese markanten Plätze im Schönbuch sind immer einen Ausflug wert. Wahre Höhepunkte aber sind sie zweifelsohne aus der Vogelperspektive. Über den Baumwipfeln des Schönbuchs zu fliegen, das hätte sich Erwin Herre bis zum Frühjahr 1991 nicht träumen lassen. Dann jedoch stieg er zum ersten Mal als Passagier ins Cockpit. Dienstlich. Der Ammerbucher Revierforstleiter wollte sich aus der Luft ein Bild machen über die Schäden, die der Orkan Wiebke in der Nacht vom 28. Februar auf den 1. März auch im Schönbucher Forst angerichtet hatte. »Das war schon sehr beeindruckend, diese kahlen Stellen von oben zu sehen«, resümiert er heute rückblickend. Rund 35.000 Festmeter Schadholz musste man da aus dem Wald schaffen. Noch schlimmer wütete *Lothar* an Weihnachten 1999. Der Orkan »schaffte« es auf rund 70.000 Festmeter Schadholz. Da hatte Erwin Herre schon längst seinen Pilotenschein in der Tasche und bei der Begutachtung der Schäden von oben den Steuerknüppel selbst in der Hand. Nach seinem ersten Flug habe er quasi Blut geleckt und das Fliegen gelernt.

Die Begeisterung für diese Sicht auf den Schönbuch wollte Erwin Herre, der als Forstrevierleiter im Oktober 2016 in den Ruhestand verabschiedet wurde, schließlich teilen und bot über seinen Flugsportverein Unterjesingen und den Förderverein Naturpark Schönbuch e. V. einmal im Jahr »diese besondere Waldführung« an. Seit 2006 stehen im Veranstaltungskalender des Fördervereins die Rundflüge fest im Programm. Gut 20 Minuten dauert der Flug über Wipfel und bewaldete Höhen, »und der Andrang ist groß«, sagt Erwin Herre.

Auch wenn man selbst nicht abheben möchte: Die Starts und Landungen sind während der Flugzeiten das ganze Jahr über sehenswert und der Flugplatz Poltringen deshalb ein begehrtes Ausflugsziel.

✈ Fliegen lernen, mitfliegen oder Schnupperflüge – erkundigen Sie sich bei den drei Flugsportvereinen: www.fsv-ammerbuch.de, www.fsv-herrenberg.de, www.fsv-unterjesingen.de

Schinken, Salami & Co

Schinken ital. luftgetrocknet:

Tipo Parma 100g 1,99
Parma Riserva 100g 3,29

Arista al Forno 100g 2,49

Salami
Napoli
Milano 100g 2,
Cacciatore

...sicca

HOFLADEN ALTE ZIMMEREI /// TÜBINGER STRASSE 22 ///
72119 AMMERBUCH-ENTRINGEN /// 0 70 73 / 91 74 12 ///
WWW.ALTEZIMMEREI.DE ///

GETREIDEMÜHLE KIENZLEN /// ROTTENBURGER STRASSE 24 ///
72070 TÜBINGEN-UNTERJESINGEN /// 0 70 73 / 45 31 ///
WWW.GETREIDEMUEHLE-KIENZLEN.DE ///

PASTA AUS SIZILIEN

Hofladen Alte Zimmerei in Ammerbuch-Entringen

65

Einst waren sie aus dem dörflichen Leben nicht wegzudenken, die Tante-Emma-Läden. Hier gab es alles für den täglichen Bedarf, und das auf kurzem Fußweg. Heute existieren nur noch wenige dieser kleinen Geschäfte vor Ort, stattdessen wächst die Zahl großflächiger Einkaufszentren, die in ländlichen Regionen oftmals nur noch mit dem Auto zu erreichen sind.

»Die Nahversorgung im Dorf wieder gewährleisten«, das war Johannes Kolb ein Anliegen, als er 2003 – zunächst als Außenstelle einer Gärtnerei – einen kleinen Laden direkt an der Hauptstraße in Entringen einrichtete. 2011 machte er sich als Einzelhändler selbstständig, der Hofladen Alte Zimmerei wuchs und erweiterte das Sortiment. Gemüse und Obst in großer Auswahl, meist regional und saisonal, findet man heute hier neben Feinkost und ausgewählten Produkten. Vieles stammt direkt vom Erzeuger und hat Bioqualität. Aber auch bei seiner Pasta, dem Olivenöl und anderen feinen italienischen Spezialitäten kennt Kolb die Herkunft. Das seien Kontakte, die durch ein befreundetes Ehepaar sizilianischer Abstammung entstanden seien, erklärt er. So hat der gelernte Gärtnermeister für seine Kunden auch Veranstaltungen wie *Pasta, Wein und Musik* – ein sizilianisches Drei-Gänge-Menü – im Angebot.

Neben seinem Basic-Sortiment an Naturkostwaren verfügt der Hofladen über eine große Weinpalette, eine umfangreiche Käse- und Wursttheke und natürlich auch über frische Backwaren. »Lebensmittel mit Genuss, also hochwertige Produkte, die bezahlbar sind«, will Johannes Kolb seinen Kunden bieten und geht dafür auch auf die Wochenmärkte der Region. Wer dennoch nicht selbst bei ihm einkaufen kann, dem bringen Kolb und sein Team die Ware auch direkt an die Haustür. Und das nicht etwa motorisiert. Das hofladeneigene Lastenfahrrad liefert die Bestellung gegen Gebühr sogar in die umliegenden Dörfer.

🖉 Auch ein feiner Laden: *s'Mühlelädle* in Unterjesingen. In der angrenzenden Mühle wird in Handwerkstradition feinstes Ammertalmehl gemahlen.

RESTAURANT IM GÄRTLE /// BEBENHAUSER STRASSE 44 ///
72119 AMMERBUCH-ENTRINGEN /// 0 70 73 / 64 35 ///
WWW.IMGAERTLE.DE ///

MICHAELSKIRCHE /// EV. PFARRAMT /// 72119 AMMERBUCH-
ENTRINGEN /// 0 70 73 / 65 06 /// WWW.EV-KIRCHE-ENTRINGEN.DE ///

SCHWÄBISCH AUF FEINBÜRGERLICH

Restaurant Im Gärtle in Ammerbuch-Entringen

66

Am Anfang war das Ei – oder in diesem Fall eben ein Hühnerstall. Der war der Ursprung des Restaurants Im Gärtle in Entringen. 1954 hatte Manfred Luz, der Großvater der heutigen Patrone Christian und Johannes Luz, den väterlichen Hof verkauft und das Grundstück am Rand von Entringen zum Schönbuch hin erworben. Er baute sich dort ein Wohnhaus und später ein Café. Es habe sich schnell herumgesprochen, dass es bei Manfred Luz »für einen schmalen Taler gutes Essen gibt«, erzählt Christian Luz.

So wuchs das Restaurant mit der Zeit. Stück für Stück. Und mit dem Restaurant wuchs die Terrasse. Hier, zwischen hochgewachsenen Eiben und anderen Gehölzen, macht das Restaurant seinem Namen alle Ehre: Im Gärtle. Es ist fast schon wie ein Stückchen Urlaub, unter den großen Sonnenschirmen zu sitzen und die Küche von Christian Luz zu genießen.

Er kam 2014 zurück ins Gärtle. Wie sein Vater hat er die ersten Sporen bei Lothar Eiermann in Friedrichsruhe verdient, war bei Christian Lohse in Berlin und im Schwarzen Adler in Oberbergen. Mit seiner Erfahrung in hochdekorierten Küchen sagt er: »Wir streben nicht nach einem Stern, aber wir halten die Maßstäbe, die wir gelernt haben, hoch.« Seine Küche nennt er gerne feinbürgerlich, gutbürgerlich habe eher ein negatives Image. Christian Luz möchte »ehrliche schwäbische Küche« mit Produkten aus der Region – den Loup de mer mal ausgenommen – bieten. Und dabei die bodenständige Küche weiterentwickeln und verbessern: Angefangen von der Maultasche nach Opas Rezept über ein butterzartes Ochsenbäckle bis hin zum Zwiebelrostbraten mit Lemberger-Soße oder Blankett vom Schönbuchwild. Den größten Reiz findet Christian Luz aber beim Gemüse und den Desserts. Die Bandbreite, Ausgangsprodukte und Gewürze miteinander zu kombinieren, sei ungleich größer. Christian Luz: »Das mache ich am liebsten.«

✐ Die gotische Michaelskirche in Entringen ist allemal einen Abstecher wert und sonntags von April bis Oktober nach dem Gottesdienst bis 18 Uhr geöffnet.

RAUM FÜR EIN LEBENSWERK

Kunstmuseum Manfred Luz in Ammerbuch-Entringen

67

2015 feierte der Künstler seinen 85. Geburtstag. Damit blickt Manfred Luz heute auf viele Jahrzehnte Kunstschaffen zurück. Die Leidenschaft für die Malerei hat den Entringer zu keiner Zeit losgelassen. Auch dann nicht, als er aus wirtschaftlichen Gründen gezwungen war, anderweitig sein Geld zu verdienen, um die Familie zu ernähren. Diese Willensstärke und die Schaffenskraft drücken sich in den Werken des Künstlers aus.

Auf mehr als 500 Quadratmetern Ausstellungsfläche beherbergt das Kunstmuseum an der Entringer Ortsrandlage – ein Gebäude im Bauhausstil, welches sich an das Restaurant Im Gärtle und das Wohnhaus des Künstlers anschließt – die Werke aus den Schaffensperioden von Manfred Luz. Die ersten Körperstudien, die er als Jugendlicher und noch vor seinem Studium der Bildenden Künste in Freiburg anfertigte, die kubistischen Entwürfe der 60er-Jahre oder auch die gewaltigen Bilder, die Luz als Antwort auf die Reaktorkatastrophe in Tschernobyl malte, finden in den lichten Räumen des Museums einen gebührenden Platz. »Meine in den vergangenen 60 Jahren entstandenen Bilder haben nun endlich eine Heimat gefunden und müssen kein Schattendasein mehr fristen«, resümierte der Künstler bei der Eröffnung des Neubaus im Jahr 2010.

Seitdem pilgern zahlreiche Kunstinteressierte in den Ammerbucher Teilort, um das Museum und damit die Werke von Manfred Luz zu besichtigen. »Den Besuchern gefällt auch die Anbindung an unser Restaurant Im Gärtle. Sie kehren hier gerne noch ein oder wandern von Bebenhausen aus zu uns, um Kunst und Kulinarisches zu genießen«, erzählt Christina Schmidt-Rüdt. Die Ehefrau des Künstlers ist auch für die Vermietung der Museumsräume für Trauungen, Taufen oder andere Feierlichkeiten zuständig. Geöffnet ist das Museum von Freitag bis Sonntag, jeweils von 14–18 Uhr sowie nach Vereinbarung.

🖾 Gemälde, Sammlerstücke, Möbel: Im Gärtle finden sich viele Zeugnisse vom Wirken des Künstlers und geben dem Restaurant ein unverwechselbares Ambiente.

DER GRILLPLATZ/WILDGEHEGE SAURUCKEN IST VOM
WANDERPARKPLATZ BEIM SPORTPLATZ ENTRINGEN AUS
ZU ERREICHEN. DAZU DIE AUSSCHILDERUNG IN DER ORTSMITTE
ENTRINGEN BEACHTEN. /// 72119 AMMERBUCH-ENTRINGEN ///

FREIBAD ENTRINGEN /// FREIBADWEG 100 ///
72119 AMMERBUCH-ENTRINGEN /// WWW.AMMERBUCH.DE ///

SPIELEND WÜRSTCHEN BRUTZELN

Grillplatz und Wildgehege Saurucken
in Ammerbuch-Entringen

68

Kennen Sie sie auch noch, diese Schulwandertage kurz vor den großen Ferien? Die ersten Kilometer waren ja immer etwas anstrengend, aber mit jedem Meter, den man sich dem Ziel näherte, wuchs auch die Vorfreude auf die Rast. An der Grillstelle angekommen, ging es zunächst einmal auf die Suche nach einem geeigneten Stock. Damit wurde die mitgebrachte »Rote« aufgespießt, fachmännisch mit dem Taschenmesser eingeschnitten und danach am offenen Feuer mit Hingabe gebrutzelt. Als Schüler liebte ich unsere Wandertouren in den Schönbuch, versprachen sie doch immer einen ganzen Tag Spaß und Spiel im Wald.

Der Grillplatz Saurucken mitten im Schönbuch auf der Gemarkung Ammerbuch-Entringen ist auch heute noch – und nicht nur für viele Schulgruppen – ein beliebtes Ausflugsziel. Mit dem angrenzenden Wildgehege und dem großen Abenteuerspielplatz ist er an jedem Tag der Woche ein Treffpunkt für Familien, Wanderer oder Radfahrer. Vom Parkplatz aus, am Sportheim Entringen, geht es auf einem gut ausgebauten Weg – rollstuhlgerecht und kinderwagengeeignet – in rund zehn Minuten Gehzeit zum Grillplatz und zum Wildgehege. Rutschen, Schaukeln, Häuschen, viele Klettermöglichkeiten und ein Volleyballfeld bieten sich hier den kleinen und großen Besuchern auf einem überschaubaren Gelände, dazu mehrere Grillstellen, Sitzgelegenheiten und eine überdachte Hütte. Hinter dem Zaun können Rotwild, Wildschweine und Mufflons aus nächster Nähe beobachtet werden. Ein etwa 40-minütiger Rundwanderweg führt zum Erlenweiher und ist für einen Spaziergang vor allem auch mit kleinen Kindern gut geeignet. Der Saurucken liegt zudem an einer Achse für Tageswanderer oder Radfahrer und kann deshalb ideal als Rastplatz auf einer größeren Tour, beispielsweise zu der Königlichen Jagdhütte, dem Soldatengrab, dem Birkensee oder auch ins Goldersbachtal eingeplant werden.

🛝 Nach dem Grillspaß das Wasservergnügen: Am Waldrand liegt das kleine charmante Freibad von Entringen, das vor allem mit seiner großen Liegewiese punktet.

SOLDATENGRAB /// BEI DER DIEBSTEIGBRÜCKE ///
WWW.NATURPARK-SCHOENBUCH.DE ///
72119 AMMERBUCH-ENTRINGEN ///

DAS GRAB IM GROSSEN GOLDERSBACHTAL

Soldatengrab in Ammerbuch-Breitenholz

69

Links und rechts die bewaldeten Rücken des Schönbuchs, dazwischen das idyllische Tal des Großen Goldersbachs mit seinen Wiesen. Ein Ort des Lebens und der Freude, nicht des Todes und der Trauer. Und doch: Viktor Wagner liegt hier begraben. Gerade mal 19 Jahre alt. Am 19. April 1945, in den letzten Kriegstagen, erlag an diesem schönen Fleckchen Erde der Gefreite aus Niederbayern seinen Verletzungen, die er am Tag zuvor erlitten hatte. Seine Einheit hatte versucht, sich nach Osten durch den Schönbuch abzusetzen. Viktor Wagner blieb zurück. Das Soldatengrab – so steht es in den Wanderkarten – kennen viele Besucher des Schönbuchs. Als Mahnmal gegen den Krieg soll es verstanden werden. Dennoch wurde das Grab oft genug geschändet.

Für die Besucher des Naturparks ist es auch eine Wegmarke auf der Route durchs Große Goldersbachtal. Dorthin führt eine Rundwanderung über knapp 15 Kilometer von Bebenhausen aus. Auf dem Bebenhäuser Sträßle geht es zunächst nach Westen zum Grillplatz Becklesgarten. Nun schwenkt der Weg nach Norden über die Happsteige zur Plato-Eiche und weiter zunächst auf dem Kayher Sträßle bis zur Kaiserlinde. Dort geht es geradeaus weiter zur Diebsteigbrücke, in deren Nähe auch Viktor Wagner begraben ist. Von der Diebsteigbrücke ist es nicht weit zum Falkenkopf, dessen Aussichtskanzel einen schönen Blick über den Schönbuch gewährt. Dazu biegt der Weg an der Brücke links ab. Nach gut einem Kilometer steigt der Fahrweg rechts an hinauf zum Falkenkopf, der nach 2,5 Kilometern und einem Geländesprung von rund 100 Höhenmetern erreicht ist.

Wer sich den Falkenkopf ersparen möchte, biegt an der Diebsteigbrücke gleich rechts ab und geht das Große Goldersbachtal abwärts bis zum Grillplatz Teufelsbrücke, wo man noch eine Rast einlegen kann. Dem Tal und dem Bachlauf folgend geht es von hier zurück nach Bebenhausen.

✍ Jenseits der B 27 bei Bebenhausen, am Kirnberg, liegt der Olgahain. Ein verwunschenes Stückchen Wald, das König Karl 1871 für seine Frau anlegen ließ.

KÖNIGSJAGDHÜTTE /// BEI DER SIGNALEICHE IM SCHÖNBUCH ///

EIN LIEBLINGSPLATZ DES KÖNIGS

Königliche Jagdhütte in Ammerbuch-Breitenholz

70

Seine Majestät der Kaiser war gar nicht amüsiert, da änderte auch der Zehnender nichts, den er geschossen hatte. Sechs Hirsche und acht Hirschkühe bei einer Treibjagd – da war der Herr etwas anderes gewohnt von seiner Hofjagd im Brandenburgischen. Dort im Gehege wurde das Wild dem Kaiser zuhauf vor die Büchse getrieben, im Schönbuch liefen die Hirsche damals noch frei herum. Ein Foto noch vor der Königlichen Jagdhütte, das war's. Der Kaiser ging, und König Wilhelm II. von Württemberg wird es verschmerzt haben. War er doch auf seiner Jagdhütte, die er schon als Kronprinz auf dem Plateau des Steingart 1888 hatte bauen lassen. In bescheidenem Ausmaße, wie die Chroniken berichten.

Er soll sehr gern dort gewesen sein. Was nachvollziehbar ist. Denn der Blick weitet sich hier zunächst über die Wälder des Schönbuchs hinüber zur Wurmlinger Kapelle bis zur Schwäbischen Alb am Horizont. Obwohl es von Entringen oder von Bebenhausen zu Fuß nicht allzu weit wäre, die Königsjagdhütte, wie man heute sagt, ist alles andere als überlaufen.

Und sie ist ein schönes Etappenziel für eine Radtour durch den Schönbuch. Vom Herrenberger Bahnhof aus gilt es zunächst einmal, eine kleine Bergetappe hinauf zum Waldfriedhof zu bewältigen, aber danach geht es meist eben oder auch bergab durch das Sommertal über den Grillplatz Neue Brücke weiter in Richtung Bebenhausen. Am Diebsteigbrückle zweigt der Weg rechts ab hinauf zu Königsjagdhütte. Über den Rastplatz Becklesgarten und Bebenhausen geht es durch das Goldersbachtal nach Tübingen. In der schönen Universitätsstadt geht es die Wilhelmstraße stadteinwärts bis zur B 26, hinter der der Ammertal-Radweg zurück nach Herrenberg beginnt. Wer bis zum Ende durchgehalten hat, der hat gute 50 Kilometer mit der einen oder anderen kleinen Bergwertung in den Oberschenkeln.

⚑ Bei der Rundtour bietet sich unter anderem eine kleine Rast in Tübingen an – beispielsweise im schönen Biergarten des Neckarmüllers an der Neckarbrücke.

KLEINE KUNST GANZ GROSS!

Museum Anthon in Ammerbuch-Breitenholz

71

Schon beim Betreten des Museums Anthon wird man förmlich angezogen von den unzähligen kleinen Bildern an den Wänden. Eine Vielfalt an Stilen und Farben ist hier einheitlich auf zehn mal zehn Zentimeter Bildformat gebannt. Etwa 400 ausgestellte Miniaturen beherbergen die Wände des »Museumle«, wie Hans Anthon selbst seine Kunststätte liebevoll benennt. Dabei hat jedes der Exponate seine ganz eigene Geschichte, und jede dieser Motiv-Miniaturen ist ein Unikat. *Alles im Eimer*, *Elefant musiziert*, *Fröhliche Schnecke* oder auch *Freut sich das Haus* lauten die Titel, die der Künstler in einem Verzeichnis von A–Z aufgelistet hat.

Wer Hans Anthon kennenlernt, spürt Authentizität und Eigenständigkeit. Dabei hat er viele Neigungen, die vom Bildhaften bis zum Literarischen reichen. In seinem Eigenverlag finden sich Bücher mit ungewöhnlichen Erzählungen über Einsiedler, Künstler, Musiker und dem Leben auf dem Land, unter anderem seine *Schäferkarren-Philosophie*. 1945 in Kirchentellinsfurt geboren, wuchs er in Hailfingen bei Rottenburg auf, besuchte in Herrenberg das Gymnasium, zog nach dem Studium über den großen Teich nach Amerika und später wieder zurück ins Gäu. 1976 bezog er sein Atelier in Breitenholz. Hier am Schönbuchrand, eingebettet in Baumwiesen mit einem Blick weit über das Ammertal und über die Felder des Strohgäus findet er Ruhe und Anregung zugleich für sein schöpferisches Wirken.

Eine schwere gusseiserne Handdruckpresse aus dem Jahr 1892 dient dem Künstler zur Vervielfältigung seiner Ortsminiaturen. Auch diese rund 1.300 Dorf- und Stadtansichten hat er im Kleinformat gezeichnet. Dafür hat er seine Künstlerklause verlassen und war überall selbst vor Ort. Heimstätte von Hans Anthon ist ein ehemaliger Schäferkarren, hier wohnt, schläft und dichtet der Künstler, wenn er seinen Rückzug braucht.

🖉 Urgemütlich schwäbisch! Der Gasthof Ochsen blickt auf eine über 120-jährige Tradition zurück. Im Gasthaus des Hotels kann man gutbürgerlich essen.

ATELIER UND KULTURTREFF

Art-Road-Way Kunstschule in Ammerbuch-Breitenholz

72

Über 200 Jahre alt ist das ehemalige Bauernhaus in der Ortsmitte von Ammerbuch-Breitenholz. Bettina Baur und Frederick Bunsen haben das mehrstöckige Gebäude in Eigenleistung renoviert und liebevoll ausgebaut. Heute ist das Domizil Atelier, Galerie und Kulturtreff zugleich.

Das schnelle leichte Aquarell, Holzdruck, Wege in die Abstraktion oder aber *Montagsmaler*, die Lehrstunde für den Einstieg in die Welt der Kunst, sind Programmpunkte aus dem fast 20 Kurse umfassenden Angebot der Art-Road-Way Kunstschule am Schönbuch. Die Philosophie von Bettina Baur und Frederick Bunsen »Kunst ist wie eine Straße, die den Weg erst zeigt, wenn man sich entschieden hat« spricht nicht nur Kunstschüler aus der Umgebung an. An den Ammerbucher Schönbuchrand kommen Kunstschaffende aus dem ganzen Großraum Stuttgart »bis an den Bodensee«, sagt Frederick Bunsen. Der Freischaffende mit einer langen Künstlerbiografie, verschiedenen Dozententätigkeiten und einem Lehrauftrag an der staatlichen Akademie in Klausenburg stammt aus Texas, lebt und arbeitet aber bereits seit Anfang der 70er-Jahre in Deutschland. Schulleiterin Bettina Baur fand 1987 über die Aquarellmalerei ihren Zugang zur Kunst. »Die Kombination von Landschaft und persönlichem Eindruck wurde auf dem Papier zu belebten Kunsträumen«, erzählt sie.

Die Art-Road-Way Kunstschule ist aber nicht nur ein Atelier, in dem Kreatives entsteht. Zahlreiche Ausstellungen waren seit der Eröffnung im Jahr 2010 in den Räumlichkeiten zu sehen. Und an jedem ersten Sonntag im Monat, jeweils von 14 bis 17.30 Uhr, wird das umgebaute Bauernhaus, bei schönem Wetter auch der Hof, zum offenen Treffpunkt für Kunstinteressierte. Bei Kaffee, selbst gemachten Kuchen und begleitet von musikalischer Darbietung wechselnder Künstler haben sich diese Termine über die Jahre zu einem gut besuchten Kulturevent entwickelt.

✍ Werfen Sie einen Blick in die Breitenholzer St.-Wendelin-Kirche. Dieses historische Gemäuer birgt bäuerliche Malerei aus dem 18. Jahrhundert.

**AUCH SELTENE SCHMETTERLINGE TUMMELN SICH
IN DEN WIESEN DES GRAFENBERGS.**

**GRAFENBERG /// 71083 HERRENBERG-MÖNCHBERG ///
WWW.SCHWAEBISCHER-HEIMATBUND.DE ///**

IM REICH DER UNGARISCHEN PLATTERBSE

Grafenberg in Herrenberg-Mönchberg

73

Es sind oft die auf den ersten Blick unscheinbaren Dinge, die eine größere Aufmerksamkeit verdienen. So gab die kleine Ungarische Platterbse 1969 den Ausschlag, den Grafenberg, einen markanten Bergsporn im Südwesten des Schönbuchs, unter Naturschutz zu stellen. Die Glatthaferwiesen und Halbtrockenrasen oberhalb des Herrenberger Teilorts Mönchberg waren damals das erste Naturschutzgebiet im Landkreis Böblingen.

Die Ungarische Platterbse ist eine Seltenheit in unseren Breiten. Von Natur aus eine Steppenpflanze, die auch extreme Trockenheit auszuhalten vermag, gibt es in Deutschland nur zwei Standorte, an denen die Pflanze nachgewiesen ist. Einer davon ist am Grafenberg, dessen warmes und niederschlagsarmes Kleinklima dieser Platterbsen-Art die Existenz am Schönbuchhang ermöglicht. Den warmen Standort nutzte der Mensch: Einst wurde hier Wein angebaut, bis in den 30er-Jahren des vorigen Jahrhunderts der letzte Weinberg gerodet wurde. Längst hatten Obstbäume – Kirschen, Zwetschgen oder auch Äpfel und Birnen – den Reben den Rang abgelaufen. Heute kümmert sich vor allem der Schwäbische Heimatbund um das Naturschutzgebiet und sorgt mit Pflegemaßnahmen dafür, dass der Charakter des Gebiets erhalten bleibt.

Denn es ist nicht nur die Ungarische Platterbse, die Tier- und Pflanzenfreunde in Verzückung geraten lässt. Storchschnabel, Ehrenpreis oder auch Pimpinell-Rose blühen hier ebenso wie Wiesen-Salbei, Hahnenfußgewächse, Glockenblumen- und Veilchenarten, die viele unterschiedliche Tagfalter anlocken. In den Heckenriegeln und Gebüschen leben unter anderem Neuntöter, Dorngrasmücke und der in Baden-Württemberg äußerst seltene Berglaubsänger. Aus der Familie der Reptilien sonnt sich beispielsweise die Schlingnatter auf Steinen und im Trockenrasen.

✿ Die schönste Zeit im Naturschutzgebiet ist die Zeit der Blüte in den Kirschbäumen und Blumenwiesen. Wichtig dabei: Immer auf den Wegen bleiben.

DER STREUOBSTERLEBNISWEG BEGINNT AM SÜDLICHEN
ORTSEINGANG MÖNCHBERGS AN DER WEINGARTENSTRASSE
UND FÜHRT RUND 3 KILOMETER DURCH DIE OBSTWIESEN.

STREUOBSTERLEBNISWEG MÖNCHBERG ///
STREUOBSTERLEBNIS.MITMACHSTADT-HERRENBERG.DE ///

MOSTBESEN TAUBE /// HOHENZOLLERNSTRASSE 52 ///
71083 HERRENBERG-HASLACH /// 0 70 32 / 2 14 04 ///
WWW.MOSTBESEN-TAUBE-HASLACH.DE ///

Aus der Entfernung betrachtet, scheint es, als ob im Frühjahr ein riesiger Borstenpinsel weiße duftige Flächen auf die Hänge des Schönbuchs bei Mönchberg getupft hätte. Nicht nur, wenn Kirsch- und Zwetschgenbäume in der Blüte stehen, ist der Herrenberger Teilort einen kleinen Ausflug wert. Der Mönchberger Streuobsterlebnisweg bietet jede Menge an Informationen zu Zwetschgen, Walnüssen, Kirschen, Birnen oder auch Äpfeln – und wie sie in Mönchberg verwertet werden.

Denn so schön und ökologisch wertvoll die Streuobstwiesen sind, ohne die Nutzung des Obstes haben sie nur wenig Zukunft. Wer macht schon für gerade mal eine Handvoll Euro pro Doppelzentner Birnen den Buckel krumm? Inklusive der Rückenschmerzen, die als Gratisbeigabe inbegriffen sind? Da muss man schon ein großer Idealist sein – oder man schafft es, die Wertschöpfung zu steigern. Dem Mönchberger Günter Schanz gelingt dies beispielsweise dadurch, dass er das Aroma sortenreiner Früchte in seiner Brennerei in die Flaschen bannt. Schnaps sollte man zu diesen geistreichen Produkten nicht sagen. Schnaps ist billig, klingt nach Fusel. Der Aufwand, der hinter diesen Destillaten steckt, ist jedoch groß. Die Mirabellen zum Beispiel erntet die Familie Schanz zum optimalen Zeitpunkt an mehreren Tagen von Hand. Es ist wie beim Wein: Nur gute Ausgangsprodukte zeitigen ein gutes Ergebnis. Darüber hinaus versektet die Familie auch den Saft der seltenen Birnensorte Bogenäckerin.

Einen anderen Weg hat Jochen Mayer, ebenfalls Brenner in Mönchberg, eingeschlagen. Er gehört zur Gilde der Birnoh-Hersteller – ein Aperitif aus hochprozentigem Birnendestillat und Birnensaft, der das feine Aroma der Sorten Schweizer Wasserbirne, Oberösterreicher oder auch Gelbmöstler vollmundig zum Tragen bringt. Ob so oder so: Der maßvolle Genuss trägt zum Erhalt der Streuobstwiesen bei.

✍ Auch der Herrenberger Teilort Haslach hat einen Streuobsterlebnisweg. An manchen Tagen hat hier, in der Ortsmitte, der urige Mostbesen Taube geöffnet.

SCHÖNBUCHTURM /// STELLBERG – BEIM HERRENBERGER
NATURFREUNDEHAUS /// WWW.SCHOENBUCHTURM.DE ///

EIN LEUCHTTURM FÜR DEN NATURPARK

Der Schönbuchturm in Herrenberg-Mönchberg

75

Das ist der Gipfel. Höher als die Plattform des Schönbuchturms, der wie ein stilisierter Pilz hoch über Herrenberg steht, geht es im Naturpark nicht mehr. Rund 30 Meter schraubt sich der Turm mit seinen spiralförmigen Auf- und Abgängen auf dem 580 Meter hohen Stellberg in die Höhe. Wie ein Leuchtturm soll er sein. Weithin sichtbar für die Reisenden, die sich von Süden her auf der Autobahn A 81 dem Großraum Stuttgart nähern. Das Signal, das er aussendet: Hier beginnt der Schönbuch.

Im Jahr 2015 hatte der Zukunftskreis des Böblinger Kreistags die Idee eines Aussichtsturms im Naturpark als touristisches Ausrufezeichen ausgeheckt. Ein Standort war auch bald gefunden: der Stellberg in unmittelbarer Nähe des Herrenberger Naturfreundehauses. Einst ein Steinbruch, in den 50er-Jahren eine Mülldeponie wurde der Stellberg bis in die 70er-Jahre als Erddeponie betrieben und zu einer Kuppe von rund 580 Metern über dem Meeresspiegel aufgeschüttet. Seitdem dient der Berg am Südwestpfeiler des Schönbuchs als Aussichtspunkt und ist nach dem Bromberg die zweitgrößte Erhebung im Schönbuch. Das Dach des Landkreises Böblingen liegt allerdings rund zwölf Kilometer weiter südwestlich auf dem Kühlenberg bei Oberjettingen.

Der Standort des Schönbuchturms am Rande des Naturparks wurde mit Bedacht gewählt, wo es mit dem Naturfreundehaus, dem Damwildgehege und dem Waldseilgarten ohnehin schon touristische Angebote und damit auch Parkplätze gibt. Rund eineinhalb Millionen Euro ließen sich der Landkreis und die Stadt Herrenberg das Projekt kosten, unterstützt von einem Zuschuss des Landes Baden-Württemberg und vor allem durch Sponsorengelder, die ein eigens ins Leben gerufener Förderverein aufgetrieben hatte. Dieser soll vor allem auch den Unterhalt des filigranen Turms aus Holz und Stahl sichern.

⌀ Der alte Oberjettinger Wasserturm am Kühlenberg bietet einen schönen Blick auf den Schwarzwald – jeden ersten Sonntag im Monat, von 9 bis 18 Uhr geöffnet.

DES WANDERERS EINKEHR
Naturfreundehaus Herrenberg

76

»Offen für alle, günstig für Mitglieder«, lautet ein Slogan der Natur-Freunde Deutschland, eine 1905 gegründete Bewegung, die sich den Kampf um gerechte Arbeits- und Lebensbedingungen und gegen die Ausbeutung von Mensch und Natur auf die Fahne geschrieben hat. Zurück geht der Verband auf die Idee des sozialistischen Lehrers Georg Schmiedl in Wien anno 1895 – inzwischen umfasst er mehr als 70.000 Mitglieder, die in über 600 Ortsgruppen organisiert sind. In seinen gut 400 Häusern können Gäste hierzulande einkehren und übernachten, über 1.000 Unterkünfte – vom Selbstversorgerhaus über die Wanderhütte bis hin zum hotelartigen Naturfreundehaus und der anerkannten Familienferienstätte – gibt es international.

Rund um den Naturpark Schönbuch ist das Naturfreundehaus in Herrenberg die einzige Herberge des Vereins. Bereits am Eingangsportal weist das Signet, der Handschlag mit den drei Alpenrosen, auf die unter der Dachorganisation des Verbandes für Umweltschutz, sanften Tourismus, Sport und Kultur stehenden NaturFreunde hin. Idyllisch und für Wanderer, Radfahrer oder Durchreisende zentral an der Landesstraße 1184 nach Hildrizhausen gelegen, ist die Unterkunft gegenüber des Herrenberger Waldfriedhofs mit ihrer angeschlossenen Gaststätte vor allem in der warmen Jahreszeit eine sehr beliebte Einkehrmöglichkeit. In den Sommermonaten ist das Gasthaus deshalb – außer montags – an jedem Tag der Woche ab 11 Uhr geöffnet und bietet dazu durchgehend warme Küche. Die große Terrasse mit zahlreichen schattigen Plätzen unter großen Bäumen ist ein beliebter Treffpunkt, gleichwohl für Einheimische wie auch für angereiste Wandergruppen. Wer eine größere Tour durch den Schönbuch plant, findet im Naturfreundehaus Herrenberg neben köstlicher Bewirtung auch einfache und preisgünstige Übernachtungsmöglichkeiten.

✍ Ein Programmpunkt im Jahresreigen der Herrenberger Ortsgruppe der NaturFreunde: das Jazzfrühschoppen Open Air! Unbedingt Termin merken!

**AUCH AUF SCHNEEBEDECKTER PISTE
IST DER MOUNTAINBIKE-TRAIL EIN SPASS!**

**NÄHERE INFORMATIONEN BEIM: VFL HERRENBERG, ABTEILUNG
RADSPORT /// SCHIESSMAUER 6 /// 71083 HERRENBERG ///
0 70 32 / 89 55 80 /// WWW.VFL-HERRENBERG.DE ///**

**INFORMATION UND ANMELDUNG ZUR SCHÖNBUCH-TROPHY
ÜBER DEN VERANSTALTER: EVENT SERVICE STAHL ///
WWW.EVENTSERVICE-STAHL.DE ///**

NICHTS FÜR ANGSTHASEN

Mountainbike-Trail in Herrenberg

77

Am Anfang war es »nur« ein Brief. Am Ende dann eine Abfahrt, die Mountainbikern Adrenalin durch die Adern jagt. Drei Jugendliche hatten im Jahr 2013 ihre Idee für eine erste Downhill-Radstrecke im Schönbuch in einem Schreiben an den Herrenberger Oberbürgermeister Thomas Sprißler kundgetan. Unterhalb der Jahnhütte sollte die Abfahrt beginnen und gut 200 Meter Luftlinie weiter schließlich enden. Ein Parcours, der im Schönbuch seinesgleichen sucht. Bis zu 50 Stundenkilometer schnell geht es über Stock und Stein abwärts. Die Downhill-Strecke ist mit ihren vielen Kurven und Windungen nun gut 500 Meter lang. Nach rund zweieinhalb Jahren Bauzeit wurde diese erste legale Abwärtspiste für Mountainbiker im Mai 2016 offiziell eröffnet. Die Jugendlichen, die seinerzeit den Bau des Trails vorantrieben, engagieren sich heute in der 2014 neu gegründeten Radsportabteilung des VFL Herrenberg. So werden auf den *Winding Trails* – so heißt die Mountainbike-Strecke – nun auch Trainingseinheiten angeboten. Offen ist der Parcours aber für alle Mountainbiker. Auf einer Tafel am Einstieg der Strecke sind dazu die Grundregeln der Nutzung zusammengefasst. Auf wandernde Fußgänger müssen die Radsportler keine Rücksicht nehmen. Querungsverkehr gibt es auf der Strecke nicht, dazu warnen Schilder, dass das Betreten der Strecke per pedes verboten ist. Speed bekommt man auf der halsbrecherischen Fahrt nach unten ganz von alleine. Könner lieben vor allem die Schanzen und bringen es auf bis zu acht Meter weite Sprünge. Im Alpinsport entspräche das übertragen wohl dem Schwierigkeitsgrad einer schwarzen Piste und ist damit keine Option für Angsthasen. Anfänger dürfen da dann ruhig auf die Umfahrungen ausweichen, schließlich sind die Trails mit *Flow-Tracks* und *Enduro-Tracks* ausgeschildert.

☞ Fit für den Wettkampf: Über 48 Kilometer geht das jährliche Mountainbike-Rennen durch den Schönbuch. Start und Ziel ist der Herrenberger Marktplatz. Am Ende der Schönbuch-Trophy wartet das Siegertreppchen.

LIEBLINGSPLÄTZE
AUF EINEN BLICK

ALLE LIEBLINGSPLÄTZE FINDEN SIE
UNTER WWW.GMEINER-VERLAG.DE

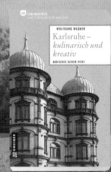

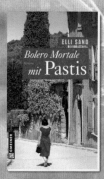